edition suhrkamp

Redaktion: Günther Busch

Bertolt Brecht, geboren am 10. Februar 1898 in Augsburg, starb am 14. August 1956 in Berlin.
Brechts Stücke *Der Jasager* und *Der Neinsager* erscheinen hier zum ersten Male vereinigt mit der später verworfenen ersten Fassung des *Jasagers,* mit Brechts Vorlage: Arthur Waleys Version des japanischen Nô-Stücks *Tanikō* in der Übersetzung Elisabeth Hauptmanns, Waleys englischem Text sowie einer für diese Edition hergestellten Erstübersetzung des japanischen Originals ins Deutsche.
»Er sehe an dem alten großen Brauch keine Vernunft, sagt der Knabe und will einen neuen einführen: ›den Brauch, in jeder neuen Lage neu nachzudenken‹. Was er vorschlägt, ist die Suspension des Mythischen, die Prüfung aller Bräuche auf ihre Vernunft. Methodischer Gebrauch der Ratio soll fortan der einzige Brauch sein. Selten sind im Text eines Marxisten das ungebrochene Pathos und die Zuversicht der Aufklärung so lebendig geworden wie hier.«
Peter Szondi.

Bertolt Brecht
Der Jasager und Der Neinsager

Vorlagen, Fassungen, Materialien

Herausgegeben und mit einem Nachwort versehen
von Peter Szondi

Suhrkamp Verlag

Mitarbeiter: Ulrich Stadler
Herausgeber und Verlag danken Frau Elisabeth Hauptmann für Rat und Hilfe bei der Vorbereitung dieser Ausgabe.

edition suhrkamp 171
Erste Auflage 1966
© dieser Ausgabe: Suhrkamp Verlag, Frankfurt am Main 1966. Erstausgabe: *Der Jasager und der Neinsager* Copyright 1953 by Suhrkamp Verlag, Berlin. Printed in Germany. Alle Rechte vorbehalten, insbesondere das der Übersetzung, des öffentlichen Vortrags sowie der Übertragung durch Rundfunk und Fernsehen, auch einzelner Teile. Kein Teil des Werkes darf in irgendeiner Form (durch Fotografie, Mikrofilm oder andere Verfahren) ohne schriftliche Genehmigung des Verlages reproduziert oder unter Verwendung elektronischer Systeme verarbeitet, vervielfältigt oder verbreitet werden. Das Recht der Aufführung ist nur vom Suhrkamp Verlag, Frankfurt/Main zu erwerben. Den Bühnen und Vereinen gegenüber als Manuskript gedruckt. Druck Nomos Verlagsgesellschaft, Baden-Baden. Gesamtausstattung Willy Fleckhaus.
ISBN 3-518-10171-4

I

Tanikō

(The Valley-Hurling)

Part 1

By Zenchiku
[Translated by Arthur Waley]

Persons
A Teacher · A Young Boy · The Boy's Mother · Leader of the Pilgrims · Pilgrims · Chorus

TEACHER I am a teacher. I keep a school at one of the temples in the City. I have a pupil whose father is dead; he has only his mother to look after him. Now I will go and say good-bye to them, for I am soon starting on a journey to the mountains. *He knocks at the door of the house.* May I come in?

BOY Who is it? Why, it is the Master who has come out to see us!

TEACHER Why is it so long since you came to my classes at the temple?

BOY I have not been able to come because my mother has been ill.

TEACHER I had no idea of that. Please tell her at once that I am here.

BOY *calling into the house:* Mother, the Master is here.

MOTHER Ask him to come in.

8 Vorlagen

BOY Please come in here.

TEACHER It is a long time since I was here. Your son says you have been ill. Are you better now?

MOTHER Do not worry about my illness. It is of no consequence.

TEACHER I am glad to hear it. I have come to say goodbye, for I am soon starting on a ritual mountain-climbing.

MOTHER A mountain-climbing? Yes, indeed; I have heard that it is a dangerous ritual. Shall you take my child with you?

TEACHER It is not a journey that a young child could make.

MOTHER Well, – I hope you will come back safely.

TEACHER I must go now.

BOY I have something to say.

TEACHER What is it?

BOY I will go with you to the mountains.

TEACHER No, no. As I said to your mother, we are going on a difficult and dangerous excursion. You could not possibly come with us. Besides, how could you leave your mother when she is not well? Stay here. It is in every way impossible that you should go with us.

BOY Because my mother is ill I will go with you to pray for her.

TEACHER I must speak to your mother again. *He goes back into the inner room.* I have come back, – your son says he is going to come with us. I told him he could not leave you when you were ill and that it would be a difficult and dangerous road. I said it was quite impossible for him to come. But he says he must come to pray for your health. What is to be done?

MOTHER I have listened to your words. I do not doubt what the boy says, – that he would gladly go with you to the mountains; *to the Boy:* but since the day your father left us I have had none but you at my side. I have not had you out of mind or sight for as long a time as it takes a dewdrop to dry! Give back the measure of my love. Let your love keep you with me.

BOY This is all as you say.... Yet nothing shall move me from my purpose. I must climb this difficult path and pray for your health in this life.

CHORUS
They saw no plea could move him.
Then master and mother with one voice:
»Alas for such deep piety,
Deep as our heavy sighs.«
The mother said,
»I have no strength left;
If indeed it must be,
Go with the Master.
But swiftly, swiftly
Return from danger.«

BOY Checking his heart which longed for swift return
At dawn towards the hills he dragged his feet.[1]

---

[1] Here follows a long lyric passage describing their journey and ascent. The frequent occurrence of place-names and plays of word on such names makes it impossible to translate.

TEACHER We have climbed so fast that we have already reached the first hut. We will stay here a little while.
LEADER We obey.
BOY I have something to say.
TEACHER What is it?
BOY I do not feel well.
TEACHER Stay! Such things may not be said by those who travel on errands like ours. Perhaps you are tired because you are not used to climbing. Lie there and rest.
LEADER They are saying that the young boy is ill with climbing. I must ask the Master about it.
PILGRIMS Do so.
LEADER I hear that this young boy is ill with climbing. What is the matter with him? Are you anxious about him?
TEACHER He is not feeling well, but there is nothing wrong with him. He is only tired with climbing.
LEADER So you are not troubled about him?
A pause.
PILGRIM Listen, you pilgrims. Just now the Master said this boy was only tired with climbing. But now he is looking very strange. Ought we not to follow our Great Custom and hurl him into the valley?
LEADER We ought to indeed. I must tell the Master. Sir, when I enquired before about the child you told me he was only tired with climbing; but now he is looking very strange.
Though I say it with dread, there has been from ancient times a Great Custom that those who fail

should be cast down. All the pilgrims are asking that he should be thrown into the valley.

TEACHER What, you would hurl this child into the valley?

LEADER We would.

TEACHER It is a Mighty Custom. I cannot gainsay it. But I have great pity in my heart for that creature. I will tell him tenderly of this Great Custom.

LEADER Pray do so.

TEACHER Listen carefully to me. It has been the law from ancient times that if any pilgrim falls sick on such journeys as these he should be hurled into the valley, – done suddenly to death. If I could take your place, how gladly I would die. But now I cannot help you.

BOY I understand. I knew well that if I came on this journey I might lose my life.

Only at the thought
Of my dear mother,
How her tree of sorrow
For me must blossom
With flower of weeping, –
I am heavy-hearted.

CHORUS

Then the pilgrims sighing
For the sad ways of the world
And the bitter ordinances of it,
Make ready for the hurling.
Foot to foot
They stood together
Heaving blindly,

None guiltier than his neighbour.
And clods of earth after
And flat stones they flung.[2]

---

[2] I have only summarized the last chorus. When the pilgrims reach the summit, they pray to their founder, En no Gyōja, and to the God Fudō that the boy may be restored to life. In answer to their prayers a Spirit appears carrying the boy in her arms. She lays him at the Priest's feet and vanishes again, treading the Invisible Pathway that En no Gyōja trod when he crossed from Mount Katsuragi to the Great Peak without descending into the valley.

Taniko oder Der Wurf ins Tal

Aus der Sammlung japanischer No-Stücke
von Arthur Waley
Deutsch von Elisabeth Hauptmann

Personen
Der Lehrer · Der Knabe · Die Mutter des Knaben · Die Pilger · Der Führer der Pilger · Der Chor

DER LEHRER Ich bin der Lehrer. Ich habe eine Schule in einem Tempel in der Stadt. Ich habe einen Schüler, dessen Vater tot ist. Er hat nur mehr seine Mutter, die für ihn sorgt. Ich will jetzt zu ihnen gehen und ihnen Lebewohl sagen, denn ich begebe mich in Kürze auf eine Reise in die Berge. *Er klopft an die Tür des Hauses.* Darf ich eintreten?

DER KNABE Wer ist da? Oh, der Herr Lehrer ist da, der Herr Lehrer kommt, um uns zu besuchen.

DER LEHRER Warum bist du so lange nicht zur Schule in den Tempel gekommen?

DER KNABE Ich konnte nicht kommen, weil meine Mutter krank war.

DER LEHRER Das wußte ich nicht. Bitte, sag ihr gleich, daß ich hier bin.

DER KNABE *ruft ins Haus zurück:* Mutter, der Herr Lehrer ist da.

DIE MUTTER *von hinten:* Bitte ihn, hereinzukommen!

DER KNABE Bitte, treten Sie ein.

DER LEHRER Ich bin lange nicht hier gewesen. Ihr Sohn sagt, Sie seien krank gewesen. Geht es Ihnen jetzt besser?

DIE MUTTER Machen Sie sich keine Gedanken wegen meiner Krankheit, sie hatte keine bösen Folgen.

DER LEHRER Das freut mich zu hören. Ich komme, um Ihnen Lebewohl zu sagen, denn ich begebe mich in Kürze auf eine Pilgerreise in die Berge.

DIE MUTTER Eine Pilgerreise in die Berge! Ja, in der Tat, ich habe gehört, daß das eine gefährliche Religionsübung ist. Wollen Sie etwa mein Kind mitnehmen?

DER LEHRER Das ist keine Reise, auf die man ein Kind mitnimmt.

DIE MUTTER Gut. Ich hoffe, Sie kehren gesund zurück.

DER LEHRER Ich muß jetzt gehen.

DER KNABE Ich muß etwas sagen.

DER LEHRER Was?

DER KNABE Ich will mit Ihnen in die Berge gehen.

DER LEHRER Nein, nein, wie ich deiner Mutter bereits sagte, ist es eine schwierige und gefährliche Reise. Da wirst du nicht mitkommen können. Außerdem: wie kannst du deine Mutter verlassen wollen, die doch krank ist? Bleibe hier, es ist ganz unmöglich, daß du mitkommst.

DER KNABE Weil meine Mutter krank ist, will ich mitgehen, um für sie zu beten.

DER LEHRER Ich muß noch einmal mit deiner Mutter reden. *Geht zurück in den inneren Raum.* Ich bin noch einmal zurückgekommen. Ihr Sohn sagt, daß er mit uns gehen will. Ich sagte ihm, daß er Sie doch nicht verlassen könnte, wenn Sie krank sind, und daß es eine schwierige und gefährliche Reise sei. Er könne ganz unmöglich mitkommen, sagte ich. Aber er sagt, er müsse mit, um für Ihre Gesundheit zu beten. Was sollen wir tun?

DIE MUTTER Ich habe Ihre Worte gehört. Ich zweifle nicht an dem, was der Knabe sagt – daß er gern mit Ihnen in die Berge gehen will. *Zum Knaben:* Seit dem Tag, an dem uns dein Vater verließ, habe ich niemanden als dich zur Seite. Du warst nie länger aus meinen Gedanken und aus meinen Augen, als ein Tautropfen braucht, um zu verdunsten. Gib mir das Maß meiner Liebe zurück! Bleibe aus Liebe zu mir bei mir!

DER KNABE Es ist alles, wie du sagst. Aber trotzdem kann mich nichts von meinem Vorhaben abbringen. Ich werde einen schwierigen Weg gehen und für deine Gesundheit in diesem Leben beten.

DER CHOR Sie sahen, daß keine Vorstellungen ihn rühren konnten.

Da sagten der Lehrer und die Mutter mit einer Stimme:
»Oh, welche tiefe Frömmigkeit!
Tief wie unsere tiefsten Seufzer.«
Die Mutter aber sagte:
»Ich habe keine Kraft mehr,
Wenn es sein muß,
Geh mit dem Herrn Lehrer,
Aber schnell, schnell
Kehre aus der Gefahr zurück.«

16 Vorlagen

Die Pilger haben die Reise in die Berge angetreten, unter ihnen befinden sich der Lehrer und der Knabe. Der Knabe ist den Anstrengungen nicht gewachsen. Der Chor schildert die Reise und schließt:

DER CHOR Er bezähmte sein Herz, das die schnelle Heimkehr verlangte, und überanstrengte es. Beim Morgengrauen am Fuße der Berge konnte er kaum seine müden Füße mehr schleppen.

DER LEHRER Wir sind schnell hinangestiegen. Wir haben bereits die erste Hütte erreicht. Wir wollen hier ein wenig verweilen.

DER FÜHRER Wir gehorchen.

DER KNABE Ich muß etwas sagen.

DER LEHRER Was?

DER KNABE Ich fühle mich nicht wohl.

DER LEHRER Halt! Solche Dinge dürfen nicht sagen, die auf eine solche Reise gehen. Vielleicht bist du müde, weil du das Steigen nicht gewohnt bist. Leg' dich nieder und ruhe ein wenig.

DER FÜHRER Es scheint, daß der Knabe krank ist vom Steigen. Ich muß den Lehrer darüber befragen.

DIE PILGER Ja, tue das.

DER FÜHRER Ich höre, daß dieser Knabe krank ist vom Steigen. Was ist mit ihm? Bist du besorgt seinetwegen?

DER LEHRER Er fühlt sich nicht wohl, aber sonst ist alles in Ordnung mit ihm. Er ist müde vom Steigen.

DER FÜHRER So bist du also nicht besorgt?

Lange Pause. Der Führer kehrt zu den Pilgern zurück.

EIN PILGER Hört, ihr Pilger, der Lehrer hat gesagt, daß der Knabe nur müde sei vom Steigen. Aber sieht er jetzt nicht ganz seltsam aus? Sollten wir nicht unserm Großen Brauch folgen und ihn in das Tal hinabschleudern?

DER FÜHRER Freilich, das sollten wir. Ich will es dem Lehrer sagen. Herr, als ich vorhin nach dem Knaben fragte, sagtest du, er sei nur müde vom Steigen. Aber jetzt sieht er ganz seltsam aus. Ich spreche es mit Entsetzen aus, aber seit altersher herrscht hier ein Großer Brauch: die nicht weiterkönnen, werden in das Tal hinabgeschleudert. Alle Pilger fordern, daß er ins Tal hinabgeschleudert wird.

DER LEHRER Was? Ihr wollt dieses Kind in das Tal hinabwerfen?

DER FÜHRER Ja, das wollen wir.

DER LEHRER Das ist ein mächtiger Brauch. Ich kann mich ihm nicht widersetzen. Aber ich trage in meinem Herzen großes Leid um dieses Geschöpf. Ich will zu ihm gehen und ihm schonend von dem Großen Brauch berichten.

DER FÜHRER Bitte, tue das!

DER LEHRER Hör gut zu! Seit altersher besteht das Gesetz, daß der Pilger, der auf einer solchen Reise krank wird, ins Tal hinabgeworfen werden muß. Er ist sofort tot. Wenn ich deine Stelle einnehmen könnte, wie gern würde ich sterben! Aber so kann ich dir nicht helfen!

DER KNABE Ich verstehe. Ich wußte wohl, daß ich auf dieser Reise mein Leben verlieren könnte.
Nur der Gedanke
An meine liebe Mutter und
Wie der Baum ihres Leides jetzt blühen wird

Um meinetwillen
Blühen von vielem Weinen
Macht mir das Herz schwer.

DER CHOR

Dann bereiteten die Pilger alles
Und beklagten die traurigen Wege der Welt
Und ihr bitteres Gesetz
Und warfen ihn hinab.
Fuß an Fuß standen sie zusammengedrängt
An dem Rande des Abgrunds
Und warfen ihn hinab mit geschlossenen Augen
Keiner schuldiger als sein Nachbar
Und warfen Erdklumpen
Und flache Steine
Hinterher.[1]

---

[1] Der Schluß des japanischen Originals berichtet von der Auferweckung des Knaben zu einem neuen Leben.

Bertolt Brecht

Der Jasager[1]
Schuloper
[1. Fassung]

1

DER GROSSE CHOR
   Wichtig zu lernen vor allem ist Einverständnis
   Viele sagen ja, und doch ist da kein Einverständnis
   Viele werden nicht gefragt, und viele
   Sind einverstanden mit Falschem. Darum:
   Wichtig zu lernen vor allem ist Einverständnis.

   Der Lehrer in Raum 1, die Mutter und der Knabe in Raum 2.
DER LEHRER Ich bin der Lehrer. Ich habe eine Schule in der Stadt und habe einen Schüler, dessen Vater tot ist. Er hat nur mehr seine Mutter, die für ihn sorgt. Jetzt will ich zu ihnen gehen und ihnen Lebewohl sagen, denn ich begebe mich in Kürze auf eine Reise in die Berge. *Er klopft an die Tür.* Darf ich eintreten?
DER KNABE *tritt aus Raum 2 in Raum 1:* Wer ist da? Oh, der Herr Lehrer ist da, der Herr Lehrer kommt, uns zu besuchen!
DER LEHRER Warum bist du so lange nicht zur Schule in die Stadt gekommen?

[1] Nach dem japanischen Stück *Taniko*, in der englischen Nachdichtung von Arthur Waley.

DER KNABE Ich konnte nicht kommen, weil meine Mutter krank war.
DER LEHRER Das wußte ich nicht. Bitte, sag ihr gleich, daß ich hier bin.
DER KNABE *ruft nach 2:* Mutter, der Herr Lehrer ist da.
DIE MUTTER *sitzt in Raum 2 auf dem Holzstuhl:* Bitte ihn, hereinzukommen.
DER KNABE Bitte, treten Sie ein.
Sie treten beide in Raum 2.
DER LEHRER Ich bin lange nicht hier gewesen. Ihr Sohn sagt, Sie seien krank gewesen. Geht es Ihnen jetzt besser?
DIE MUTTER Machen Sie sich keine Sorgen wegen meiner Krankheit, sie hatte keine bösen Folgen.
DER LEHRER Das freut mich zu hören. Ich komme, um Ihnen Lebewohl zu sagen, denn ich begebe mich in Kürze auf eine Forschungsreise in die Berge. Denn in der Stadt jenseits der Berge sind die großen Lehrer.
DIE MUTTER Eine Forschungsreise in die Berge! Ja, in der Tat, ich habe gehört, daß die großen Ärzte dort wohnen, aber ich habe auch gehört, daß es eine gefährliche Wanderung ist. Wollen Sie etwa mein Kind mitnehmen?
DER LEHRER Das ist keine Reise, auf die man ein Kind mitnimmt.
DIE MUTTER Gut. Ich hoffe, Sie kehren gesund zurück.
DER LEHRER Jetzt muß ich gehen. Leben Sie wohl.
Ab in Raum 1.
DER KNABE *folgt dem Lehrer nach Raum 1:* Ich muß etwas sagen.
Die Mutter horcht an der Tür.

Der Jasager [1. Fassung] 21

DER LEHRER Was willst du sagen?
DER KNABE Ich will mit Ihnen in die Berge gehen.
DER LEHRER
Wie ich deiner Mutter bereits sagte
Ist es eine schwierige und
Gefährliche Reise. Du wirst nicht
Mitkommen können. Außerdem:
Wie kannst du deine Mutter
Verlassen wollen, die doch krank ist?
Bleibe hier. Es ist ganz
Unmöglich, daß du mitkommst.
DER KNABE
Eben weil meine Mutter krank ist
Will ich mitgehen, um für sie
Bei den großen Ärzten in der Stadt jenseits der Berge
Medizin zu holen und Unterweisung.
DER LEHRER Ich muß noch einmal mit deiner Mutter reden. *Er geht nach Raum 2 zurück.*
Der Knabe horcht an der Tür.
DER LEHRER Ich bin noch einmal zurückgekommen. Ihr Sohn sagt, daß er mit uns gehen will. Ich sagte ihm, daß er Sie doch nicht verlassen könnte, wenn Sie krank sind, und daß es eine schwierige und gefährliche Reise sei. Er könne ganz unmöglich mitkommen, sagte ich. Aber er sagte, er müsse mit, um für Ihre Krankheit in der Stadt jenseits der Berge Medizin zu holen und Unterweisung.
DIE MUTTER Ich habe seine Worte gehört. Ich zweifle nicht an dem, was der Knabe sagt – daß er gern mit Ihnen die gefährliche Wanderung machen will. Komm herein, mein Sohn!

Der Knabe tritt in Raum 2.
Seit dem Tag, an dem
Uns dein Vater verließ
Habe ich niemanden
Als dich zur Seite.
Du warst nie länger
Aus meinem Gedächtnis und aus meinen Augen
Als ich brauchte, um
Dein Essen zu bereiten
Deine Kleider zu richten und
Das Geld zu beschaffen.

DER KNABE Alles ist, wie du sagst. Aber trotzdem kann mich nichts von meinem Vorhaben abbringen.

DER KNABE, DIE MUTTER, DER LEHRER
Ich werde (er wird) die gefährliche Wanderung machen
Und für deine (meine ihre) Krankheit
In der Stadt jenseits der Berge
Medizin holen und Unterweisung.

DER GROSSE CHOR
Sie sahen, daß keine Vorstellungen
Ihn rühren konnten.
Da sagten der Lehrer und die Mutter
Mit einer Stimme:

DER LEHRER, DIE MUTTER
Oh, welch tiefes Einverständnis!
Viele sind einverstanden mit Falschem, aber er
Ist nicht einverstanden mit der Krankheit, sondern
Daß die Krankheit geheilt wird.

DER GROSSE CHOR Die Mutter aber sagte:

DIE MUTTER
Ich habe keine Kraft mehr.

Wenn es sein muß
Geh mit dem Herrn Lehrer.
Aber schnell, schnell
Kehre aus der Gefahr zurück.

11

DER GROSSE CHOR
Die Leute haben die Reise
In die Berge angetreten.
Unter ihnen befanden sich der Lehrer
Und der Knabe.
Der Knabe war den Anstrengungen nicht gewachsen:
Er überanstrengte sein Herz
Das die schnelle Heimkehr verlangte.
Beim Morgengrauen am Fuße der Berge
Konnte er kaum seine müden
Füße mehr schleppen.

Es treten in Raum 1: der Lehrer, die 3 Studenten, zuletzt der Knabe mit einem Krug.
DER LEHRER Wir sind schnell hinangestiegen. Dort ist die erste Hütte. Dort wollen wir ein wenig verweilen.
DIE DREI STUDENTEN Wir gehorchen.
Sie treten auf das Podest in Raum 2. Der Knabe hält den Lehrer zurück.
DER KNABE Ich muß etwas sagen.
DER LEHRER Was willst du sagen?
DER KNABE Ich fühle mich nicht wohl.
DER LEHRER Halt! Solche Dinge dürfen nicht sagen, die

auf eine solche Reise gehen. Vielleicht bist du müde, weil du das Steigen nicht gewohnt bist. Bleib ein wenig stehen und ruhe ein wenig.
Er tritt auf das Podest.
DIE DREI STUDENTEN Es scheint, daß der Knabe krank ist vom Steigen. Wir wollen den Lehrer darüber befragen.
DER GROSSE CHOR Ja. Tut das!
DIE DREI STUDENTEN *zum Lehrer:* Wir hören, daß dieser Knabe krank ist vom Steigen. Was ist mit ihm? Bist du besorgt seinetwegen?
DER LEHRER Er fühlt sich nicht wohl, aber sonst ist alles in Ordnung mit ihm. Er ist müde vom Steigen.
DIE DREI STUDENTEN So bist du also nicht besorgt seinetwegen?
Lange Pause.
DIE DREI STUDENTEN *untereinander:*
Hört ihr? Der Lehrer hat gesagt
Daß der Knabe nur müde sei vom Steigen.
Aber sieht er nicht jetzt ganz seltsam aus?
Gleich nach der Hütte aber kommt der schmale Grat.
Nur mit beiden Händen zufassend an der Felswand
Kommt man hinüber.
Wir können keinen tragen.
Sollten wir also dem großen Brauch folgen und ihn
In das Tal hinabschleudern?
Sie rufen nach Raum I hinunter, die Hand wie einen Trichter vor dem Mund:
Bist du krank vom Steigen?
DER KNABE
Nein.

Ihr seht, ich stehe doch.
Würde ich mich nicht setzen
Wenn ich krank wäre?
Pause.
Der Knabe setzt sich.
DIE DREI STUDENTEN Wir wollen es dem Lehrer sagen. Herr, als wir vorhin nach dem Knaben fragten, sagtest du, er sei nur müde vom Steigen. Aber jetzt sieht er ganz seltsam aus. Er hat sich auch gesetzt. Wir sprechen es mit Entsetzen aus, aber seit alters her herrscht hier ein großer Brauch: die nicht weiter können, werden in das Tal hinabgeschleudert.
DER LEHRER Was, ihr wollt dieses Kind in das Tal hinabwerfen?
DIE DREI STUDENTEN Ja, das wollen wir.
DER LEHRER Das ist ein großer Brauch. Ich kann mich ihm nicht widersetzen. Aber der große Brauch schreibt auch vor, daß man den, welcher krank wurde, befragt, ob man umkehren soll seinetwegen. Ich trage in meinem Herzen großes Leid um dieses Geschöpf. Ich will zu ihm gehen und ihm schonend von dem großen Brauch berichten.
DIE DREI STUDENTEN Bitte, tu das.
Sie stellen sich mit den Gesichtern gegeneinander.
DIE DREI STUDENTEN, DER GROSSE CHOR
Wir wollen ihn fragen (sie fragten ihn), ob er verlangt (verlange)
Daß man umkehrt (umkehre) seinetwegen.
Aber auch, wenn er es verlangte
Wollen wir (wollten sie) nicht umkehren
Sondern ihn in das Tal hinabwerfen.

DER LEHRER *ist zu dem Knaben in Raum 1 hinabgestiegen:* Hör gut zu! Seit alters her besteht das Gesetz, daß der, welcher auf einer solchen Reise krank wurde, ins Tal hinabgeworfen werden muß. Er ist sofort tot. Aber der Brauch schreibt auch vor, daß man den, welcher krank wurde, befragt, ob man umkehren soll seinetwegen. Und der Brauch schreibt auch vor, daß der, welcher krank wurde, antwortet: Ihr sollt nicht umkehren. Wenn ich deine Stelle einnehmen könnte, wie gern würde ich sterben!

DER KNABE Ich verstehe.

DER LEHRER Verlangst du, daß man umkehren soll deinetwegen?

DER KNABE Ihr sollt nicht umkehren.

DER LEHRER Verlangst du also, daß dir geschieht, wie allen geschieht?

DER KNABE Ja.

DER LEHRER *ruft von Raum 1 nach Raum 2:* Kommt herunter! Er hat dem Brauch gemäß geantwortet!

DER GROSSE CHOR, DIE DREI STUDENTEN *diese im Hinabgehen nach Raum 1:* Er hat ja gesagt.
Die 3 Studenten tragen den Knaben auf das Podest in Raum 2.

DIE DREI STUDENTEN
Lehne deinen Kopf an unsern Arm.
Strenge dich nicht an.
Wir tragen dich vorsichtig.
Die 3 Studenten stellen sich vor ihn, ihn verdeckend, an den hinteren Rand des Podiums.

DER KNABE *unsichtbar:*
Ich wußte wohl, daß ich auf dieser Reise

Mein Leben verlieren könnte.
Der Gedanke an meine Mutter
Hat mich verführt zu reisen.
Nehmt meinen Krug
Füllt ihn mit der Medizin
Und bringt ihn meiner Mutter
Wenn ihr zurückkehrt.

DER GROSSE CHOR
  Dann nahmen die Freunde den Krug
  Und beklagten die traurigen Wege der Welt
  Und ihr bitteres Gesetz
  Und warfen den Knaben hinab.
  Fuß an Fuß standen sie zusammengedrängt
  An dem Rande des Abgrunds
  Und warfen ihn hinab mit geschlossenen Augen
  Keiner schuldiger als sein Nachbar
  Und warfen Erdklumpen
  Und flache Steine
  Hinterher.

Brecht. Hauptmann. Weill.

Bertolt Brecht
Der Jasager und Der Neinsager

Schulopern

Nach dem japanischen Stück *Taniko,* in der englischen Nachdichtung von Arthur Waley

Mitarbeiter: E. Hauptmann, K. Weill

Der elfte Versuch: die Schulopern *Der Jasager* und *Der Neinsager* mit einer Musik von Weill ist für Schulen bestimmt. Die zwei kleinen Stücke sollten womöglich nicht eins ohne das andere aufgeführt werden. [Aus der Vorbemerkung zum 4. Heft der »Versuche«]

Personen
Der Lehrer · Der Knabe · Die Mutter · Die drei Studenten
Der große Chor

Der Jasager

[2. Fassung]

1

DER GROSSE CHOR
Wichtig zu lernen vor allem ist Einverständnis.
Viele sagen ja, und doch ist da kein Einverständnis.
Viele werden nicht gefragt, und viele
Sind einverstanden mit Falschem. Darum:
Wichtig zu lernen vor allem ist Einverständnis.

Der Lehrer in Raum 1, die Mutter und der Knabe in Raum 2.

DER LEHRER Ich bin der Lehrer. Ich habe eine Schule in der Stadt und habe einen Schüler, dessen Vater tot ist. Er hat nur mehr seine Mutter, die für ihn sorgt. Jetzt will ich zu ihnen gehen und ihnen Lebewohl sagen, denn ich begebe mich in Kürze auf eine Reise in die Berge. Es ist nämlich eine Seuche bei uns ausgebrochen, und in der Stadt jenseits der Berge wohnen einige große Ärzte. *Er klopft an die Tür.* Darf ich eintreten?

DER KNABE *tritt aus Raum 2 in Raum 1:* Wer ist da? Oh, der Lehrer ist da, der Lehrer kommt, uns zu besuchen!

DER LEHRER Warum bist du so lange nicht zur Schule in die Stadt gekommen?

DER KNABE Ich konnte nicht kommen, weil meine Mutter krank war.
DER LEHRER Das wußte ich nicht, daß deine Mutter auch krank ist. Bitte, sag ihr gleich, daß ich hier bin.
DER KNABE *ruft nach Raum 2:* Mutter, der Lehrer ist da.
DIE MUTTER *sitzt in Raum 2:* Bitte ihn, hereinzukommen.
DER KNABE Bitte, treten Sie ein.
Sie treten beide in Raum 2.
DER LEHRER Ich bin lange nicht hier gewesen. Ihr Sohn sagt, die Krankheit hat auch Sie ergriffen. Geht es Ihnen jetzt besser?
DIE MUTTER Leider geht es mir nicht besser, da man gegen diese Krankheit ja bis jetzt keine Medizin kennt.
DER LEHRER Man muß etwas finden. Daher komme ich, um Ihnen Lebewohl zu sagen: morgen begebe ich mich auf eine Reise über die Berge, um Medizin zu holen und Unterweisung. Denn in der Stadt jenseits der Berge sind die großen Ärzte.
DIE MUTTER Eine Hilfsexpedition in die Berge! Ja, in der Tat, ich habe gehört, daß die großen Ärzte dort wohnen, aber ich habe auch gehört, daß es eine gefährliche Wanderung ist. Wollen Sie etwa mein Kind mitnehmen?
DER LEHRER Das ist keine Reise, auf die man ein Kind mitnimmt.
DIE MUTTER Gut. Ich hoffe, Sie kehren gesund zurück.
DER LEHRER Jetzt muß ich gehen. Leben Sie wohl.
Ab in Raum 1.
DER KNABE *folgt dem Lehrer nach Raum 1:* Ich muß etwas sagen.

Der Jasager [2. Fassung] 33

Die Mutter horcht an der Tür.
DER LEHRER Was willst du sagen?
DER KNABE Ich will mit Ihnen in die Berge gehen.
DER LEHRER
  Wie ich deiner Mutter bereits sagte
  Ist es eine schwierige und
  Gefährliche Reise. Du wirst nicht
  Mitkommen können. Außerdem:
  Wie kannst du deine Mutter
  Verlassen wollen, die doch krank ist?
  Bleibe hier. Es ist ganz
  Unmöglich, daß du mitkommst.
DER KNABE
  Eben weil meine Mutter krank ist
  Will ich mitgehen, um für sie
  Bei den großen Ärzten in der Stadt jenseits der Berge
  Medizin zu holen und Unterweisung.
DER LEHRER Ich muß noch einmal mit deiner Mutter reden.
  Er geht nach Raum 2 zurück. Der Knabe horcht an der Tür.
DER LEHRER Ich bin noch einmal zurückgekommen. Ihr Sohn sagt, daß er mit uns gehen will. Ich sagte ihm, daß er Sie doch nicht verlassen könne, wenn Sie krank sind, und daß es eine schwierige und gefährliche Reise sei. Er könne ganz unmöglich mitkommen, sagte ich. Aber er sagte, er müsse mit, um für Ihre Krankheit in der Stadt jenseits der Berge Medizin zu holen und Unterweisung.
DIE MUTTER Ich habe seine Worte gehört. Ich zweifle nicht an dem, was der Knabe sagt – daß er gern mit

Ihnen die gefährliche Wanderung machen will. Komm herein, mein Sohn!
Der Knabe tritt in Raum 2.
Seit dem Tag, an dem
Uns dein Vater verließ
Habe ich niemanden
Als dich zur Seite.
Du warst nie länger
Aus meinem Gedächtnis und aus meinen Augen
Als ich brauchte, um
Dein Essen zu bereiten
Deine Kleider zu richten und
Das Geld zu beschaffen.
DER KNABE Alles ist, wie du sagst. Aber trotzdem kann mich nichts von meinem Vorhaben abbringen.
DER KNABE, DIE MUTTER, DER LEHRER
Ich werde (er wird) die gefährliche Wanderung machen
Und für deine (meine, ihre) Krankheit
In der Stadt jenseits der Berge
Medizin holen und Unterweisung.
DER GROSSE CHOR
Sie sahen, daß keine Vorstellungen
Ihn rühren konnten.
Da sagten der Lehrer und die Mutter
Mit einer Stimme:
DER LEHRER, DIE MUTTER
Viele sind einverstanden mit Falschem, aber er
Ist nicht einverstanden mit der Krankheit, sondern
Daß die Krankheit geheilt wird.
DER GROSSE CHOR Die Mutter aber sagte:

Der Jasager [2. Fassung]

DIE MUTTER
　Ich habe keine Kraft mehr.
　Wenn es sein muß
　Geh mit dem Herrn Lehrer.
　Aber kehr schnell zurück.

11

DER GROSSE CHOR
　Die Leute haben die Reise
　In die Berge angetreten.
　Unter ihnen befanden sich der Lehrer
　Und der Knabe.
　Der Knabe war den Anstrengungen nicht gewachsen:
　Er überanstrengte sein Herz
　Das die schnelle Heimkehr verlangte.
　Beim Morgengrauen am Fuße der Berge
　Konnte er kaum seine müden
　Füße mehr schleppen.

Es treten in Raum 1: der Lehrer, die drei Studenten, zuletzt der Knabe mit einem Krug.
DER LEHRER　Wir sind schnell hinangestiegen. Dort ist die erste Hütte. Dort wollen wir ein wenig verweilen.
DIE DREI STUDENTEN　Wir gehorchen.
　Sie treten auf das Podest in Raum 2. Der Knabe hält den Lehrer zurück.
DER KNABE　Ich muß etwas sagen.
DER LEHRER　Was willst du sagen?
DER KNABE　Ich fühle mich nicht wohl.

DER LEHRER Halt! Solche Dinge dürfen nicht sagen, die auf eine solche Reise gehen. Vielleicht bist du müde, weil du das Steigen nicht gewohnt bist. Bleib ein wenig stehen und ruhe ein wenig.
Er tritt auf das Podest.
DIE DREI STUDENTEN Es scheint, daß der Knabe müde ist vom Steigen. Wir wollen den Lehrer darüber befragen.
DER GROSSE CHOR Ja. Tut das!
DIE DREI STUDENTEN *zum Lehrer:* Wir hören, daß dieser Knabe müde ist vom Steigen. Was ist mit ihm? Bist du besorgt seinetwegen?
DER LEHRER Er fühlt sich nicht wohl, aber sonst ist alles in Ordnung mit ihm. Er ist müde vom Steigen.
DIE DREI STUDENTEN So bist du also nicht besorgt seinetwegen?
Lange Pause.
DIE DREI STUDENTEN *untereinander:*
Hört ihr? Der Lehrer hat gesagt
Daß der Knabe nur müde sei vom Steigen.
Aber sieht er nicht jetzt ganz seltsam aus?
Gleich nach der Hütte kommt der schmale Grat.
Nur mit beiden Händen zufassend an der Felswand
Kommt man hinüber.
Hoffentlich ist er nicht krank.
Denn wenn er nicht weiter kann, müssen wir ihn
Hier zurücklassen.
Sie rufen nach Raum 1 hinunter, die Hand wie einen Trichter vor dem Mund:
Bist du krank? – Er antwortet nicht. – Wir wollen den Lehrer fragen. *Zum Lehrer:* Als wir vorhin nach dem

Der Jasager [2. Fassung]

Knaben fragtest, sagtest du, er sei nur müde vom Steigen, aber jetzt sieht er ganz seltsam aus. Er hat sich auch gesetzt.

DER LEHRER Ich sehe, daß er krank geworden ist. Versucht doch, ihn über den schmalen Grat zu tragen.

DIE DREI STUDENTEN Wir versuchen es.

Technikum: Die drei Studenten versuchen, den Knaben über den ›schmalen Grat‹ zu bringen. Der ›schmale Grat‹ muß von den Spielern aus Podesten, Seilen, Stühlen usw. so konstruiert werden, daß die drei Studenten zwar allein, nicht aber, wenn sie auch noch den Knaben tragen, hinüberkommen.

DIE DREI STUDENTEN Wir können ihn nicht hinüberbringen, und wir können nicht bei ihm bleiben. Was auch sei, wir müssen weiter, denn eine ganze Stadt wartet auf die Medizin, die wir holen sollen. Wir sprechen es mit Entsetzen aus, aber wenn er nicht mit uns gehen kann, müssen wir ihn eben hier im Gebirge liegenlassen.

DER LEHRER Ja, vielleicht müßt ihr es. Ich kann mich euch nicht widersetzen. Aber ich halte es für richtig, daß man den, welcher krank wurde, befragt, ob man umkehren soll seinetwegen. Ich trage in meinem Herzen großes Leid um dieses Geschöpf. Ich will zu ihm gehen und ihn schonend auf sein Schicksal vorbereiten.

DIE DREI STUDENTEN Bitte, tue das.

Sie stellen sich mit den Gesichtern gegeneinander.

DIE DREI STUDENTEN, DER GROSSE CHOR

Wir wollen ihn fragen (sie fragten ihn), ob er verlangt (verlange)

Daß man umkehrt (umkehre) seinetwegen

Aber auch wenn er es verlangt
Wollen wir (wollten sie) nicht umkehren
Sondern ihn liegenlassen und weitergehen.

DER LEHRER *ist zu dem Knaben nach Raum 1 hinabgestiegen:* Hör gut zu! Da du krank bist und nicht weiter kannst, müssen wir dich hier zurücklassen. Aber es ist richtig, daß man den, welcher krank wurde, befragt, ob man umkehren soll seinetwegen. Und der Brauch schreibt auch vor, daß der, welcher krank wurde, antwortet: Ihr sollt nicht umkehren.

DER KNABE Ich verstehe.

DER LEHRER Verlangst du, daß man umkehren soll deinetwegen?

DER KNABE Ihr sollt nicht umkehren!

DER LEHRER Bist du also einverstanden, daß du zurückgelassen wirst?

DER KNABE Ich will es mir überlegen. *Pause des Nachdenkens.* Ja, ich bin einverstanden.

DER LEHRER *ruft von Raum 1 nach Raum 2:* Er hat der Notwendigkeit gemäß geantwortet.

DER GROSSE CHOR UND DIE DREI STUDENTEN *diese im Hinabgehen nach Raum 1:* Er hat ja gesagt: Geht weiter!

Die drei Studenten bleiben stehen.

DER LEHRER
Geht jetzt weiter, bleibt nicht stehen
Denn ihr habt beschlossen, weiterzugehen.
Die drei Studenten bleiben stehen.

DER KNABE Ich will etwas sagen: Ich bitte euch, mich nicht hier liegenzulassen, sondern mich ins Tal hinabzuwerfen, denn ich fürchte mich, allein zu sterben.

Der Jasager [2. Fassung] 39

DIE DREI STUDENTEN Das können wir nicht.
DER KNABE Halt! Ich verlange es.
DER LEHRER Ihr habt beschlossen, weiterzugehen und
ihn dazulassen.
Es ist leicht, sein Schicksal zu bestimmen
Aber schwer, es zu vollstrecken.
Seid ihr bereit, ihn ins Tal hinabzuwerfen?
DIE DREI STUDENTEN Ja.
Die drei Studenten tragen den Knaben auf das Podest in Raum 2.
Lehne deinen Kopf an unsern Arm.
Strenge dich nicht an.
Wir tragen dich vorsichtig.
Die drei Studenten stellen sich vor ihn, ihn verdeckend, an den hinteren Rand des Podestes.
DER KNABE *unsichtbar:*
Ich wußte wohl, daß ich auf dieser Reise
Mein Leben verlieren könnte.
Der Gedanke an meine Mutter
Hat mich verführt zu reisen.
Nehmt meinen Krug
Füllt ihn mit der Medizin
Und bringt ihn meiner Mutter
Wenn ihr zurückkehrt.
DER GROSSE CHOR
Dann nahmen die Freunde den Krug
Und beklagten die traurigen Wege der Welt
Und ihr bitteres Gesetz
Und warfen den Knaben hinab.
Fuß an Fuß standen sie zusammengedrängt
An dem Rande des Abgrunds

Und warfen ihn hinab mit geschlossenen Augen
Keiner schuldiger als sein Nachbar
Und warfen Erdklumpen
Und flache Steine
Hinterher.

Der Neinsager

1

DER GROSSE CHOR
Wichtig zu lernen vor allem ist Einverständnis.
Viele sagen ja, und doch ist da kein Einverständnis.
Viele werden nicht gefragt, und viele
Sind einverstanden mit Falschem. Darum:
Wichtig zu lernen vor allem ist Einverständnis.

Der Lehrer in Raum 1, die Mutter und der Knabe in Raum 2.
DER LEHRER Ich bin der Lehrer. Ich habe eine Schule in der Stadt und habe einen Schüler, dessen Vater tot ist. Er hat nur mehr seine Mutter, die für ihn sorgt. Jetzt will ich zu ihnen gehen und ihnen Lebewohl sagen, denn ich begebe mich in Kürze auf eine Reise in die Berge. *Er klopft an die Tür.* Darf ich eintreten?
DER KNABE *tritt aus Raum 2 in Raum 1:* Wer ist da? Oh, der Herr Lehrer ist da, der Herr Lehrer kommt, uns zu besuchen.
DER LEHRER Warum bist du so lange nicht zur Schule in die Stadt gekommen?
DER KNABE Ich konnte nicht kommen, weil meine Mutter krank war.
DER LEHRER Das wußte ich nicht. Bitte, sag ihr gleich, daß ich hier bin.

DER KNABE *ruft nach Raum 2:* Mutter, der Herr Lehrer ist da.
DIE MUTTER *sitzt in Raum 2 auf dem Holzstuhl:* Bitte ihn, hereinzukommen.
DER KNABE Bitte, treten Sie ein.
Sie treten beide in Raum 2.
DER LEHRER Ich bin lange nicht hier gewesen. Ihr Sohn sagt, Sie seien krank gewesen. Geht es Ihnen jetzt besser?
DIE MUTTER Machen Sie sich keine Sorgen wegen meiner Krankheit, sie hatte keine bösen Folgen.
DER LEHRER Das freut mich zu hören. Ich komme, um Ihnen Lebewohl zu sagen, denn ich begebe mich in Kürze auf eine Forschungsreise in die Berge. Denn in der Stadt jenseits der Berge sind die großen Lehrer.
DIE MUTTER Eine Forschungsreise in die Berge! Ja, in der Tat, ich habe gehört, daß die großen Ärzte dort wohnen, aber ich habe auch gehört, daß es eine gefährliche Wanderung ist. Wollen Sie etwa mein Kind mitnehmen?
DER LEHRER Das ist keine Reise, auf die man ein Kind mitnimmt.
DIE MUTTER Gut. Ich hoffe, Sie kehren gesund zurück.
DER LEHRER Jetzt muß ich gehen. Leben Sie wohl.
Ab in Raum 1.
DER KNABE *folgt dem Lehrer nach Raum 1:* Ich muß etwas sagen.
Die Mutter horcht an der Tür.
DER LEHRER Was willst du sagen?
DER KNABE Ich will mit Ihnen in die Berge gehen.

Der Neinsager 43

DER LEHRER
Wie ich deiner Mutter bereits sagte
Ist es eine schwierige und
Gefährliche Reise. Du wirst nicht
Mitkommen können. Außerdem:
Wie kannst du deine Mutter
Verlassen wollen, die doch krank ist?
Bleibe hier. Es ist ganz
Unmöglich, daß du mitkommst.

DER KNABE
Eben weil meine Mutter krank ist
Will ich mitgehen, um für sie
Bei den großen Ärzten in der Stadt jenseits der Berge
Medizin zu holen und Unterweisung.

DER LEHRER Aber wärest du denn auch einverstanden mit allem, was dir auf der Reise zustoßen könnte?

DER KNABE Ja.

DER LEHRER Ich muß noch einmal mit deiner Mutter reden.

Er geht nach Raum 2 zurück. Der Knabe horcht an der Tür.

DER LEHRER Ich bin noch einmal zurückgekommen. Ihr Sohn sagt, daß er mit uns gehen will. Ich sagte ihm, daß er Sie doch nicht verlassen könne, wenn Sie krank sind, und daß es eine schwierige und gefährliche Reise sei. Er könne ganz unmöglich mitkommen, sagte ich. Aber er sagte, er müsse mit, um für Ihre Krankheit in der Stadt jenseits der Berge Medizin zu holen und Unterweisung.

DIE MUTTER Ich habe seine Worte gehört. Ich zweifle nicht an dem, was der Knabe sagt – daß er gern mit

Ihnen die gefährliche Wanderung machen will. Komm herein, mein Sohn!
Der Knabe tritt in Raum 2.
Seit dem Tag, an dem
Uns dein Vater verließ
Habe ich niemanden
Als dich zur Seite.
Du warst nie länger
Aus meinem Gedächtnis und aus meinen Augen
Als ich brauchte, um
Dein Essen zu bereiten
Deine Kleider zu richten und
Das Geld zu beschaffen.
DER KNABE Alles ist, wie du sagst. Aber trotzdem kann mich nichts von meinem Vorhaben abbringen.
DER KNABE, DIE MUTTER, DER LEHRER
Ich werde (er wird) die gefährliche Wanderung machen
Und für deine (meine, ihre) Krankheit
In der Stadt jenseits der Berge
Medizin holen und Unterweisung.
DER GROSSE CHOR
Sie sahen, daß keine Vorstellungen
Ihn rühren konnten.
Da sagten der Lehrer und die Mutter
Mit einer Stimme:
DER LEHRER, DIE MUTTER
Viele sind einverstanden mit Falschem, aber er
Ist nicht einverstanden mit der Krankheit, sondern
Daß die Krankheit geheilt wird.
DER GROSSE CHOR Die Mutter aber sagte:

Der Neinsager 45

DIE MUTTER
Ich habe keine Kraft mehr.
Wenn es sein muß
Geh mit dem Herrn Lehrer.
Aber kehr schnell zurück.

11

DER GROSSE CHOR
Die Leute haben die Reise
In die Berge angetreten.
Unter ihnen befanden sich der Lehrer
Und der Knabe.
Der Knabe war den Anstrengungen nicht gewachsen:
Er überanstrengte sein Herz
Das die schnelle Heimkehr verlangte.
Beim Morgengrauen am Fuße der Berge
Konnte er kaum seine müden
Füße mehr schleppen.

Es treten in Raum 1: der Lehrer, die drei Studenten, zuletzt der Knabe mit einem Krug.
DER LEHRER Wir sind schnell hinangestiegen. Dort ist die erste Hütte. Dort wollen wir ein wenig verweilen.
DIE DREI STUDENTEN Wir gehorchen.
Sie treten auf das Podest in Raum 2. Der Knabe hält den Lehrer zurück.
DER KNABE Ich muß etwas sagen.
DER LEHRER Was willst du sagen?

DER KNABE Ich fühle mich nicht wohl.
DER LEHRER Halt! Solche Dinge dürfen nicht sagen, die auf eine solche Reise gehen. Vielleicht bist du müde, weil du das Steigen nicht gewohnt bist. Bleib ein wenig stehen und ruhe ein wenig.
Er tritt auf das Podest.
DIE DREI STUDENTEN Es scheint, daß der Knabe krank ist vom Steigen. Wir wollen den Lehrer darüber befragen.
DER GROSSE CHOR Ja. Tut das!
DIE DREI STUDENTEN *zum Lehrer:* Wir hören, daß dieser Knabe krank ist vom Steigen. Was ist mit ihm? Bist du besorgt seinetwegen?
DER LEHRER Er fühlt sich nicht wohl, aber sonst ist alles in Ordnung mit ihm. Er ist müde vom Steigen.
DIE DREI STUDENTEN So bist du also nicht besorgt seinetwegen?
Lange Pause.
DIE DREI STUDENTEN *untereinander:*
Hört ihr? Der Lehrer hat gesagt
Daß der Knabe nur müde sei vom Steigen.
Aber sieht er nicht jetzt ganz seltsam aus?
Gleich nach der Hütte aber kommt der schmale Grat.
Nur mit beiden Händen zufassend an der Felswand
Kommt man hinüber.
Wir können keinen tragen.
Sollten wir also dem großen Brauch folgen und ihn
In das Tal hinabschleudern?
Sie rufen nach Raum 1 hinunter, die Hand wie einen Trichter vor dem Mund:
Bist du krank vom Steigen?

DER KNABE
Nein.
Ihr seht, ich stehe doch.
Würde ich mich nicht setzen
Wenn ich krank wäre?
Pause.
Der Knabe setzt sich.
DIE DREI STUDENTEN Wir wollen es dem Lehrer sagen. Herr, als wir vorhin nach dem Knaben fragten, sagtest du, er sei nur müde vom Steigen. Aber jetzt sieht er ganz seltsam aus. Er hat sich auch gesetzt. Wir sprechen es mit Entsetzen aus, aber seit alters her herrscht hier ein großer Brauch: die nicht weiter können, werden in das Tal hinabgeschleudert.
DER LEHRER Was, ihr wollt dieses Kind in das Tal hinabwerfen?
DIE DREI STUDENTEN Ja, das wollen wir.
DER LEHRER Das ist ein großer Brauch. Ich kann mich ihm nicht widersetzen. Aber der große Brauch schreibt auch vor, daß man den, welcher krank wurde, befragt, ob man umkehren soll seinetwegen. Ich trage in meinem Herzen großes Leid um dieses Geschöpf. Ich will zu ihm gehen und ihm schonend von dem großen Brauch berichten.
DIE DREI STUDENTEN Bitte, tue das.
Sie stellen sich mit den Gesichtern gegeneinander.
DIE DREI STUDENTEN, DER GROSSE CHOR
Wir wollen ihn fragen (sie fragten ihn), ob er verlangt (verlange)
Daß man umkehrt (umkehre) seinetwegen.
Aber auch, wenn er es verlangte

Wollen wir (wollten sie) nicht umkehren
Sondern ihn in das Tal hinabwerfen.

DER LEHRER *ist zu dem Knaben in Raum 1 hinabgestiegen:* Hör gut zu! Seit alters her besteht das Gesetz, daß der, welcher auf einer solchen Reise krank wurde, ins Tal hinabgeworfen werden muß. Er ist sofort tot. Aber der Brauch schreibt auch vor, daß man den, welcher krank wurde, befragt, ob man umkehren soll seinetwegen. Und der Brauch schreibt auch vor, daß der, welcher krank wurde, antwortet: Ihr sollt nicht umkehren. Wenn ich deine Stelle einnehmen könnte, wie gern würde ich sterben!

DER KNABE Ich verstehe.

DER LEHRER Verlangst du, daß man umkehren soll deinetwegen? Oder bist du einverstanden, daß du ins Tal hinabgeworfen wirst, wie der große Brauch es verlangt?

DER KNABE *nach einer Pause des Nachdenkens:* Nein. Ich bin nicht einverstanden.

DER LEHRER *ruft von Raum 1 nach Raum 2:* Kommt herunter! Er hat nicht dem Brauch gemäß geantwortet!

DIE DREI STUDENTEN *im Hinabgehen nach Raum 1:* Er hat nein gesagt. *Zum Knaben:* Warum antwortest du nicht dem Brauch gemäß? Wer a gesagt hat, der muß auch b sagen. Als du seinerzeit gefragt wurdest, ob du auch einverstanden sein würdest mit allem, was sich aus der Reise ergeben könnte, hast du mit ja geantwortet.

DER KNABE Die Antwort, die ich gegeben habe, war falsch, aber eure Frage war falscher. Wer a sagt, der muß nicht b sagen. Er kann auch erkennen, daß a falsch war. Ich wollte meiner Mutter Medizin holen, aber jetzt bin ich selber krank geworden, es ist also nicht mehr möglich. Und ich will sofort umkehren, der neuen Lage entsprechend. Auch euch bitte ich umzukehren und mich heimzubringen. Euer Lernen kann durchaus warten. Wenn es drüben etwas zu lernen gibt, was ich hoffe, so könnte es nur das sein, daß man in unserer Lage umkehren muß. Und was den alten großen Brauch betrifft, so sehe ich keine Vernunft an ihm. Ich brauche vielmehr einen neuen großen Brauch, den wir sofort einführen müssen, nämlich den Brauch, in jeder neuen Lage neu nachzudenken.

DIE DREI STUDENTEN *zum Lehrer:* Was sollen wir tun? Was der Knabe sagt, ist vernünftig, wenn es auch nicht heldenhaft ist.

DER LEHRER Ich überlasse es euch, was ihr tun sollt. Aber ich muß euch sagen, daß man euch mit Gelächter und Schande überschütten wird, wenn ihr umkehrt.

DIE DREI STUDENTEN Ist es keine Schande, daß er für sich selber spricht?

DER LEHRER Nein. Darin sehe ich keine Schande.

DIE DREI STUDENTEN Dann wollen wir umkehren, und kein Gelächter und keine Schmähung sollen uns abhalten, das Vernünftige zu tun, und kein alter Brauch uns hindern, einen richtigen Gedanken anzunehmen.
Lehne deinen Kopf an unsern Arm.
Strenge dich nicht an.
Wir tragen dich vorsichtig.

DER GROSSE CHOR
So nahmen die Freunde den Freund

Und begründeten einen neuen Brauch
Und ein neues Gesetz
Und brachten den Knaben zurück.
Seit an Seit gingen sie zusammengedrängt
Entgegen der Schmähung
Entgegen dem Gelächter, mit offenen Augen
Keiner feiger als sein Nachbar.

Drucke und Lesarten

Tanikō (The Valley-Hurling)
        Aus: Arthur Waley, The Nō Plays of Japan. New York: Grove Press 1957. [Zuerst London 1921]

Taniko oder Der Wurf ins Tal
        Aus der Sammlung japanischer No-Stücke von Arthur Waley, deutsch von Elisabeth Hauptmann. In: Der Scheinwerfer. (Blätter der Städtischen Bühnen Essen) 3 (1929/30), S. 7–14. [Einige Fehler des Erstdruckes wurden von der Übersetzerin auf Grund der alten Druckvorlage für diese Ausgabe berichtigt.]

Der Jasager [1. Fassung]

Drucke *a:*   Lehrstück vom Jasager. Schuloper von Kurt Weill nach einem japanischen Märchen von Bert Brecht. In: Die Musikpflege 1 (1930/31), H. 1, S. 53–58. [Nubel C 234][1]

      b: Versuche 10. Der Jasager. Schuloper. Aus dem 4. Heft »Versuche«. Berlin: Kiepenheuer 1930. [Nubel A 151]

---

[1] Diese Angabe verweist auf die Bertolt-Brecht-Bibliographie von Walter Nubel. In: Sinn und Form, 2. Sonderheft Bertolt Brecht. Berlin: Rütten und Loening 1957. S. 479–623.

c: Der Jasager. Schuloper in zwei Akten. Partitur. Wien: Universal-Edition 1930. [Auch als Klavierauszug gedruckt.]

Der Text dieser Ausgabe nach *b*; korrigiert wurde einzig S. 21 Z. 18 »Raum 1« in »Raum 2«. Nach dem Typoskript (im Besitz von Elisabeth Hauptmann) entspricht *a* einer unkorrigierten Niederschrift, während *b* Brechts handschriftliche Korrekturen berücksichtigt. Die Varianten von *c* gegenüber *a* und *b* gehen auf die Vertonung von *a* zurück. Zur 2. Fassung des *Jasagers* und zum *Neinsager* hat Kurt Weill keine Musik komponiert.

Der Jasager [2. Fassung] und Der Neinsager

Drucke a_1: Versuche 8. Aus dem 4. Heft der Versuche. Berlin: Kiepenheuer 1930. [Nur *Der Jasager*] [Nubel A 152]

a_2: Versuche 11–12, Heft 4. Berlin: Kiepenheuer 1931. [Nubel A 172]

a_3: Versuche 1–12, Heft 1–4. Berlin und Frankfurt/M.: Suhrkamp 1959.

a_4: Versuche 1–12, Heft 1–4. Berlin: Aufbau 1963.

b: Gesammelte Werke, Bd. II. London: Malik 1938. [Nubel A 190]

c_1: Stücke für das Theater am Schiffbauerdamm (1927–1933), 2. Bd. (Stücke, Bd. IV.) Berlin: Suhrkamp 1955. [Nubel A 194] [Mehrere Neuauflagen mit unverändertem Text.]

$c_{2,1}$:   Stücke, Bd. IV. Berlin: Aufbau 1955. [Nubel A 199]
$c_{2,2}$:   Stücke, Bd. IV. Fünfte, durchgesehene Auflage. Berlin: Aufbau 1962. [Die Auflagen von 1956, 1958 und 1961 wurden nicht kollationiert.]

Dem Text dieser Ausgabe wurde $c_{2,2}$ zugrunde gelegt.

Lesarten

(Abweichungen in der Orthographie und Interpunktion sind im folgenden nicht vermerkt.)

Der Jasager [2. Fassung]

S. 32 Z. 5   Raum] *fehlt* a_1 a_2 a_3
S. 32 Z. 6   Raum 2] *danach* auf dem Holzstuhl a_1
S. 32 Z. 14 diese Krankheit] die Krankheit a_3 a_4
S. 33 Z. 20 Raum 2] *irrtümlich* Raum 1 a_1 a_2 a_3 b
S. 33 Z. 24 könne] könnte a_1 a_2 a_3 a_4 c_1 $c_{2,1}$
S. 34 Z. 4   Tag] Tage b
S. 34 Z. 27 Viele] *davor aus der 1. Fassung übernommen* Oh, welch tiefes Einverständnis! a_1
S. 35 Z. 5   Aber kehr schnell zurück.]
               Aber schnell, schnell
               Kehre aus der Gefahr zurück. a_1 a_2 a_3 a_4 b
S. 35 Z. 10 befanden] befand c_1 $c_{2,1}$

54 Fassungen

S. 36 Z. 18   DIE ... untereinander] *als Regieanweisung* Dann die Studenten untereinander *b*

S. 36 Z. 28   Sie rufen ... antwortet nicht. –] *fehlt c₁ c₂,₁*

S. 36 Z. 30   Bist du ... antwortet nicht. –] *fehlt a₁ a₂ a₃, während die dazugehörende Regieanmerkung* Sie rufen ... Mund *versehentlich abgedruckt ist.*

S. 36 Z. 30   Bist du ... antwortet nicht. –] *aus der 1. Fassung übernommen*
Bist du krank vom Steigen?
DER KNABE
Nein
Ihr seht, ich stehe doch.
Würde ich mich nicht setzen
Wenn ich krank wäre?
Pause.
Der Knabe setzt sich.
DIE DREI STUDENTEN *a₄*

S. 36 Z. 30   wollen] wollen jetzt *a₁ a₂ a₃ a₄ b*
S. 38 Z. 4   Raum] *fehlt a₁ a₂ a₃*
S. 38 Z. 26   Geht ... stehen] Bleibt nicht stehen, geht jetzt weiter *a₁*
S. 39 Z. 15   Podestes] Podiums *a₁ a₂ a₃ a₄ b*

Der Neinsager

S. 41 Z. 17   Raum 2 in Raum 1] *irrtümlich* Raum 1 in Raum 2 *a₂ a₃ a₄ b*
S. 42 Z. 1   Raum] *fehlt a₂ a₃*

S. 43 Z. 15 wärest] wärst *b*
S. 43 Z. 20 Raum 2] *irrtümlich* Raum 1 *a*₂ *a*₃ *b*
S. 43 Z. 24 könne] könnte *a*₂ *a*₃ *a*₄ *c*₁ *c*₂,₁
S. 45 Z. 5   Aber kehr schnell zurück.] Aber schnell, schnell Kehre aus der Gefahr zurück. *a*₂ *a*₃ *a*₄ *b*
S. 46 Z. 19 DIE... untereinander] *als Regieanweisung* Dann die Studenten untereinander *b*
S. 47 Z. 25 tue] tu *a*₂ *a*₃ *a*₄
S. 48 Z. 20 von] vom *a*₃ *a*₄
S. 48 Z. 23 Hinabgehen] Hinausgehen *c*₁ *c*₂,₁
S. 50 Z. 6   offenen] *wohl versehentlich nach dem Text des »Jasagers« geschlossenen* *a*₂ *c*₁ *c*₂,₁

II

Protokolle von Diskussionen über den *Jasager* in der Karl Marx-Schule, Neukölln
(Auszugsweise)

Diskutiert wurde eine dem Japanischen nahe Fassung des Stückes, in der die Reise eine Forschungsreise war (der Knabe schließt sich ihr an, um für seine Mutter Medizin und Unterweisung zu holen) und die Tötung des Knaben auf Grund eines alten Brauches erfolgte. (Der Knabe ist damit einverstanden.) Die beiden abgedruckten Fassungen sind unter Berücksichtigung dieser Protokolle hergestellt worden. Die berücksichtigten Einwände und Vorschläge sind durch Sperrdruck hervorgehoben.

... Das Stück ist nicht geeignet für unsere Schule, da der Lehrer des Spieles sehr kaltblütig ist und damit unsere Schule verglichen werden kann ... Die Forschung ist nicht so wichtig wie ein Menschenleben ... Das Spiel bleibt; der Junge kann nicht mehr weiter, bleibt aber und wartet. Der Hunger zwingt ihn, und er stürzt freiwillig in die Tiefe ... Es soll noch ein gerichtliches Nachspiel folgen ... Stück bleibt; der Junge mit großen Anstrengungen mitgenommen. Auf dem Wege rutschen zwei ab und stürzen ab ... **Durch Anseilen den Jungen mitnehmen** ...
Klasse O IIIa.

... Völlig neu ist uns, daß in diesem Stück die Musik nicht mit dem Text gleichläuft. Zum Schluß, als der Knabe tot ist, würde ein anderer Komponist wahrscheinlich einige feierliche, langanhaltende Akkorde als

Begleitung des Chors laufen lassen. Dadurch ist man von dieser Szene so erschüttert, daß man nur diesen Teil im Kopf behält und sich über andere Teile gar nicht im klaren ist. Dieses wird durch Bertolt Brechts flotte Art beseitigt. Die Musik ist in Bertolt Brechts Oper immer gleichbleibend flott. Als nun der Knabe tot ist, ist die Musik zum Gesang des Chors »Und er war tot« sehr stark an einen jetzigen Tanz angelehnt. Man hat durch die leichte flotte Art Bertolt Brechts einen Überblick über die Oper, der sehr vorteilhaft ist, denn sie ist an keiner Stelle so ergreifend, daß einem direkt Tränen ausgepreßt werden, und auch nicht so ablehnend, daß man sagen kann, man hätte über einzelne Stellen gar keinen Überblick, sondern man könne sich nur die Oper als Ganzes vorstellen... Leider ist der Text in der Oper an einer Stelle nicht sehr überzeugend. **Der Knabe wird fast zu einem Märtyrer verklärt, denn er zieht freiwillig, ohne Widerstand, in den Tod.** Man könnte fast meinen, der Knabe geht auf die Wünsche der Kameraden ein, weil es auch seine Wünsche sind, die er allerdings nicht ausspricht. Wie wäre es, wenn der Knabe erst ein wenig zaudert? Nach unserer Meinung hätte die Oper dadurch auch **eine Hauptwirkung, wenn der Knabe erst ein wenig zaudert**... Im ganzen ist unsere Meinung, daß das Stück zu den wenigen gehört, die auch Schüler ohne große Anstrengung aufführen können...

... Entweder soll der Student auch krank werden und die Expedition soll umkehren, obwohl der Knabe will, daß man ihn den Felsen hinunterstürzt. Oder **sie sollen versuchen, über den Pfad zu kommen**,

und dabei soll der Junge abstürzen oder auch alle, so daß nachher keiner die Schuld an dem Tod des Knaben hat ...
W. Berg, Klasse IVa, 12 Jahre.

Ich schreibe nur, was die Schüler sagen. »Die Oper ist sehr traurig.« »Sie klingt nicht gut.« »In der Oper wird doch gesungen.« »Es ist komische Satzstellung, und der Vers gehört nicht dazu.« »Das Stück gefällt mir sehr gut, nur das mit dem Brauch ist, glaube ich, nicht richtig.« »Es ist gut, daß man die [sic!] Kranken runterwirft, denn sonst quält er sich mehr.« »Das ist ja Mord.« »Ich war auch in den Alpen in Hütten, da haben wir aber immer was zu essen gefunden, da kommt jeden Abend jemand hin, dem das Geschirr gehört.« »Ich verstehe nicht den Sinn mit dem Jasager.« »Das mit dem Jasager ist so, er sagt ja, ohne es zu wissen, und genauso ist es mit der Mutter. Aber sie haben ihn doch, so viel man hört, hinaufgetragen, und ich denke, man kann da niemanden tragen.« »Nur bis zum Abgrund.« »Das Stück ist eher für Erwachsene.« »Wir sind doch keine Trauerklöße.« »Ich meine, er soll verständlicher schreiben.« »Ich finde, das mit dem Chor ist nur für Primaner.« »Ich glaube, daß er ja gesagt hat, weil er seine Mutter gesund haben wollte, und wenn er nein gesagt hätte, wären die andern auch nicht zu den Ärzten gekommen.« »Was wollen die eigentlich da, das ist unklar.« »Ich möchte sagen, wenn seine Mutter von seinem Tode erfährt, sie doch noch kränker wird.« »Wie werfen sie ihn denn runter?« »Das ist doch grausam.« »Viel-

leicht ist einer zäh und lebt noch.« »Ich meine, ein junges Leben ist mehr wert als ein altes.« »Es wäre schöner, wenn er sagte, ich will es mir überlegen, und man hört ein Selbstgespräch vom Jungen, da werden einem die Gründe klar.«
B. Korsch, VIb, 10 Jahre.

... Es wurden bei uns zwei Vorschläge gemacht, die aber den Sinn des Stückes verändern würden. 1. Dem Jungen »Biomalz« geben (wo aber welches hernehmen?); 2. Den Jungen vorher untersuchen.
Va, 11 Jahre.

... Mehrere Stimmen schließen sich der Ansicht an, daß das Schicksal des Jasagers nicht so dargestellt ist, daß man seine Notwendigkeit sieht. Warum ist nicht die ganze Gesellschaft umgekehrt und hat das kranke Glied gerettet, anstatt es zu töten?... Von dieser Seite kommt der Vorschlag, die Szene des Bergsteigens und des Absturzes stärker zu realisieren, um dadurch vielleicht das nötige Verständnis herbeizuführen... Die Mystik, die die Oper durchzieht, wird nicht angenehm empfunden... Die Motivierung der Handlung ist nicht deutlich (real) genug...
Gruppe der O I, 18 Jahre.

... Man könnte das Stück gerade dazu benutzen, die Schädlichkeit des Aberglaubens zu zeigen. Es wäre vielleicht aus seiner japanischen Heimat heraus verständlich, uns aber fremd, höchstens etwas für künstlerische Feinschmecker ...
M. Tautz, UIIIa, 14 Jahre.

... Der größte Teil der Klasse ist der Meinung, daß das Stück unbedingt so bleiben müsse. Bei der Aufführung sei höchstens das Programm mit einer Erklärung zu versehen ... Es muß in dieser Einleitung versucht werden, den Zuschauer von der Notwendigkeit dieser brutalen, jedoch nicht lebensunwahren Sache zu überzeugen.
H. Zeschel, UIb, 17 Jahre.

... Die Gesellschaft muß solidarisch handeln, den unfähigen Kranken zurückführen ... Die übrige Gesellschaft darf auf keinen Fall einen moralischen Druck auf den Knaben ausüben, um seine Einwilligung zu erlangen ... Die Frage ist zu prüfen, ob der Vorteil des Gewonnenen so groß ist, daß der Opfertod des Knaben notwendig ist.
Gerhard Krieger (Arbeiter-Kurs), 20 Jahre.

In: Bertolt Brecht, Stücke, Bd. 4, S. 248–253.

Brecht-Weills Schuloper im Urteil der Schüler

Anläßlich der kürzlich im Zentralinstitut für Erziehung und Unterricht in Berlin stattgefundenen Uraufführung von Brecht-Weills Schuloper *Der Jasager*, haben wir zwei m i t w i r k e n d e S c h ü l e r aufgefordert, sich aus der eigenen praktischen Arbeit heraus zu der Schuloper und ihrer Aufführung zu äußern. Der Intention des Stückes entsprechend erscheinen Äußerungen von mitwirkenden Schülern, auch wenn sie nicht zu verallgemeinern sind, für die soziologische Bewertung dieser neuen schulmusikalischen Versuche wesentlicher als fachkritische Urteile Außenstehender. Der Verfasser des ersten der nachfolgenden Berichte hat bei der Aufführung des *Jasagers* die solistische Hauptrolle des L e h r e r s gespielt. Er ist Abiturient der Friedrich-Ebert-Oberrealschule Berlin NO 18. Der Verfasser des zweiten Berichtes hat im Orchester als F l ö t i s t mitgewirkt. Er ist Mitglied der Jugendinstrumentalgruppe und des Jugendchores an der Staatl. Akademie für Kirchen- und Schulmusik und Studierender der Staatl. akadem. Hochschule für Musik in Berlin.

Es war im Mai d. Js., als Prof. Martens uns in einer der üblichen Chorstunden die sensationelle Mitteilung machte, daß der Jugendchor und die Instrumentalgruppe eine Oper aufführen sollten. Alles war zunächst sprachlos darüber, denn viele, besonders von den Kleineren, hatten vielleicht noch nie eine Oper gesehen und nun sollten sie selbst eine Oper aufführen! Wir Größeren fragten, von wem die Oper sei und wer den Text geschrieben habe und erfuhren, daß der Textdichter Bert Brecht war und die Musik von Kurt Weill stammte. Prof. Martens las uns dann das Textbuch von Brecht vor und die Wirkung, die dieser seltsame Text mit sich brachte, war frappant. Wir Älteren ahnten die große Idee, die dem Text zugrunde liegt, und wurden vielleicht durch sie in Erstaunen gesetzt, die Kleineren und Jüngeren, die

Aufsätze 65

die Idee sicher nicht beim ersten Mal erfaßten, wurden durch die Handlung, durch die Tragödie des Knaben in Bann gehalten. Selbst Prof. Martens, der den Text schlicht und einfach vorgelesen hatte, war über die Wirkung erstaunt.
War es aber nur die Idee und die Tragödie, die uns in Erstaunen setzte, uns in Atem hielt? Ich glaube nicht.
Für mich gab es noch einen dritten Grund und das war die Form des Textes. Ich kannte zwar schon Bert Brecht von seiner *Hauspostille* her, war über diese Textform aber trotzdem erstaunt. Diese kurzen, knappen und einfachen Sätze erregten zunächst eine gewisse Skepsis, aber die Skepsis ist ja immer der erste Schritt zur Überzeugung, wie Oskar Wilde sagt, und in der Tat gewöhnten wir uns schnell an diese seltsamen Formen, obwohl sie oft nicht ganz einfach, besonders für die kleineren Schüler, zu verstehen sind. Aber das ist, so glaube ich, von Brecht beabsichtigt, denn es ist ja eine Schuloper und da gibt es sicher etwas »Pädagogisches« daran. Man könnte hier eine schöne Verbindung zwischen dem Musik- und Deutschunterricht herbeiführen, wo man im Deutschfach die Idee und die Tendenzen zunächst bespricht und im Musikfach das Musikalische heraushebt und dann die Oper aufführt, denn »wichtig vor allem ist Einverständnis«. Auch etwas Romantisches birgt der Text trotz aller knappen und sachlichen Form in sich, denn wenn der Lehrer von der großen Reise jenseits der großen Berge spricht, so drückt sich hier die große Sehnsucht nach Universellem in der Ferne aus und das ist sicher doch echt romantisch. Für den Schüler hat also der Text etwas Anziehendes, denn es ist in ihm eine große Idee, ein er-

schütterndes Geschehen, Romantik und sogar Sentimentalität vorhanden und das sind Faktoren, die den jungen Menschen beschwingen. Ich sagte eben Sentimentalität, gewiß ist Sentimentalität vorhanden, denn wenn z. B. der Knabe zum Schluß singt: »Ich wußte wohl, daß ich auf dieser Reise mein Leben verlieren konnte [sic!], doch der Gedanke an meine Mutter hat mich verführt zum Reisen« kann einem recht weh ums Herz werden.
Wie die Textform uns zuerst überraschte, so war es bei der Musik nicht viel anders. Die Klanggebilde, die Fortschreitungen und Melodik waren für uns etwas Eigenartiges. So mancher hat vielleicht im ersten Augenblick abfällig über diese Art von Musik geurteilt. Das Urteil über Kurt Weill's Musik änderte sich jedoch bald, als sie uns mehr im Ohr lag und wir damit vertrauter wurden. Ich für meinen Teil kann sagen, daß mich die Musik nicht allzusehr überraschte, da ich bereits die *Dreigroschenoper* und den *Lindberghflug* kannte. Was mir besonders an der Musik Kurt Weill's gefallen hat, ist die Instrumentierung und die Art der Chöre. Der Chor, genau wie in der griechischen Tragödie, rahmt hier das Ganze ein. Er dient als Übermittler der L e h r e v o m E i n v e r s t ä n d n i s, das den Rahmen der Oper bildet. Er ist Zuschauer und nimmt aktiv daran teil, die Geschehnisse zu übermitteln (»sie sahen, daß keine Vorstellungen ihn rühren konnten«), er kündigt auch die fortschreitende Handlung an (zweiter Akt, »die Leute haben die Reise in die Berge angetreten«) und er übt sogar Kritik (»Fuß an Fuß zusammengedrängt standen sie am Abgrund, keiner schuldiger als sein Nachbar«).
Die Proben, die im Zentral-Institut für Erziehung und

Unterricht stattfanden, waren trotz der großen Hitze und der kurzen Zeit, die zur Verfügung stand, immer ein Ereignis für uns. Wir waren bei der Sache und erlebten den Text und die Musik immer wieder von neuem. Die Oper hat uns stets wieder packen können und das ist wohl auch der Grund für das gute Gelingen der Aufführung, aber auch zugleich ein Beweis dafür, wie sehr die Oper für den Schulbetrieb geeignet ist.
Otto Hopf

In dem Maße, wie durch die Aufführung von Weills *Jasager,* war moderne Musik im Jugendchor und in der Instrumentalgruppe nicht gepflegt worden. Wir kannten wohl einige Liedbearbeitungen moderner Komponisten, aber darüber hinaus war uns derartige Literatur fremd. Natürlich begeisterte schon das Neue an sich. Bis auf einige wenige, die jegliches »Moderne« mit dem Blick vertrockneter Mumien abtun, waren wir der Schuloper sehr zugetan. Schwierigkeiten machte uns der Stoff – besonders die chorischen Sachen saßen sehr bald – kaum. Die Musik an sich gefällt mir vor allem durch die Klarheit der Melodieführung. Trotzdem spürt man manchmal zu sehr das gewollt Primitive. Ein Urteil – ich spreche nur von Mitgliedern des Chores und der Instrumentalgruppe – ist wohl beachtenswert: »Diese Musik wird bei der Aufführung ihre Wirkung nicht verfehlen, aber man hört sie sich leicht über.« Wenn man auch mit Kindern, Dilettanten zu tun hat, darf man meiner Meinung nach nicht zu sehr die »Absicht merken«.

Über den Text konnte man hören: »Mensch, was ist das

für ein Quatsch, das solidarische Unterordnen, das Untergraben des eigenen Willens soll erzieherisch wirken? Na, ich danke.« Ich möchte bemerken, so äußerten sich allerdings nur zwei. Ich freue mich, daß diese Meinung isoliert dasteht, daß andererseits soviel Gemeinschaftsgeist unter den Schülern herrscht. Ich glaube nicht, daß diese Schuloper ihren Zweck, das Erzieherische, die »Einverständnisfrage«, verfehlen wird: bei aller Freiheit zu gegebener Zeit das von einem starken Willen getragene Unterordnen in die Gemeinschaft, das Aufgeben persönlicher Interessen zugunsten eines großen Zweckes **unter der Voraussetzung persönlichen Einverständnisses.** Das letztere ist entscheidend.
Persönlich noch wertvoll ist mir das Beleuchten des sozialen Motives im Schlußchor: » ... sie beklagten die traurigen Wege der Welt und ihr bitteres Gesetz ... keiner schuldiger als sein Nachbar«.
Ich weiß nicht, ob ich mir das einbilde, aber ich habe den Eindruck, daß die Proben und die Aufführung der Schuloper ein stärkeres Band unter den Mitgliedern des Chores und der Instrumentalgruppe geknüpft haben. Es ist doch etwas anderes, ob man alte Meister, so hoch ich sie auch schätze, oder etwas derartig Aktuelles wie Brecht-Weills Schuloper musiziert. Da sind Probleme, die uns musikalisch und textlich viel persönlicher berühren, die uns infolgedessen viel mehr unter einen umfassenden Gedanken stellen. Und ist dieses gemeinsame Erleben zum Zwecke der Gemeinschaftserziehung nicht ganz besonders wertvoll?
Werner Schorisch

In: Musik und Gesellschaft 1 (1930/31), H. 4 (August 1930), S. 118–120.

E. N.
Der Jasager. Brecht-Weills Schuloper

Die Musikabteilung des *Zentralinstituts für Erziehung und Unterricht* verhalf gestern abend Brecht-Weills *Jasager* zur Uraufführung. Die Autoren erneuern damit ein altes Genre, ein längst historisch gewordenes, das der »Schuloper«, die bis ins 18. Jahrhundert hinein geblüht hat. Chöre, Soli und Orchester wenden sich an Jugendliche. Dem Instrumentalpart fehlt die, wie man weiß, immer schwer aufzutreibende Bratsche, und die Bläser (kein Blech, nur Holz) sind einfach besetzt, stehen noch dazu *ad libitum*. Die Chöre wurden, wie Heinrich Martens im Programmbuch versichert, bei der ersten Probe fehlerlos vom Blatt gesungen, was freilich auch das Niveau dieser Laienschar bezeugt. Denn die vier Sätze bewegen sich durchaus nicht im Alltäglichen, vielmehr in recht harten und eigensinnigen Fortschreitungen. Die tragenden drei Solostimmen (zwei Kinder, ein Erwachsener) sind sangbar geführt und keineswegs nur exzeptioneller, musikalischer Intelligenz erreichbar.
Brecht, um literarische Prioritätsansprüche sonst unbekümmert, verschweigt diesmal seine Quelle nicht. Er hat den Stoff sich aus dem Japanischen geholt, das Märchen von dem Knaben aber, der für die kranke Mutter in den Bergen Heilung holen geht, literarisch vertieft. Brecht-Weills Schuloper will nun einmal nicht auf Pädagogik verzichten, will über das Musikalische hinaus lehren, läutern, erziehen. Im Original wird der berg-

krank gewordene Knabe, altem, grausamem Brauche folgend, in die Schlucht geworfen. Hier erklärt er ausdrücklich sein »Einverständnis«; er beweist, so kommentiert Weill diese ethische Pointe, dadurch, »daß er gelernt hat, für eine Gemeinschaft oder für eine Idee, der er sich angeschlossen hat, alle Konsequenzen auf sich zu nehmen«.
Aufgeführt wurde der kurze Zweiakter auf dem Podium der Aula vom Jugendchor und der Instrumentalgruppe der staatlichen Akademie für Kirchen- und Schulmusik, wobei man sich mit szenischen Andeutungen, einer spanischen Wand etwa, einer Treppe, Aufschriften, Stühlen, Andeutungen auch im Kostümlichen, begnügte. Die Wiedergabe bewältigte die Schwierigkeiten der Neuheit. Eine Überraschung der ungenannte Darsteller des Knaben, ein Zehnjähriger, ein männliches Hannele, voll Einfalt, Güte, Opferwillen, innerer Ergriffenheit. Auch der Dirigent, ein jugendlicher Anonymus, den Professor Heinrich Martens mit der Stimmgabel als Taktstock überwachte, ohne daß sich Gelegenheit bot, rügend, helfend, bessernd einzugreifen. [...]

In: Vossische Zeitung Berlin, Dienstag, den 24. Juni 1930, Abendausgabe.

Frank Warschauer
Nein dem Jasager!

Einige junge Menschen wandern mit ihrem Lehrer über ein Gebirge. Einen davon verlassen die Kräfte. Er hat sich, trotz Warnungen, auf diese Wanderung begeben, um einen hübschen Spaziergang zu machen, ferner, in zweiter Linie, um für sein krankes Mütterlein Medizin und ärztlichen Rat zu holen. Nun, da er schwach wird, helfen ihm doch selbstverständlich die Andern? Durchaus nicht. Sie fragen ihn: sollen wir Deinetwegen zurückbleiben? Und informieren ihn gleichzeitig, daß diese Anfrage lediglich formell sei; er habe darauf offiziell, laut dem von ihnen befolgten japanischen Bierkomment, zu antworten: o nein, werft mich lieber in den Abgrund. Und das tun die Biedern denn auch. Sie nehmen ihren Kameraden, mit dem sie die Wanderung angetreten haben, und schmeißen ihn in den Abgrund. Man sollte nun meinen, daß sie dazu noch ein besonderer Anlaß treibt; vielleicht gefährdet die Rast ihr eignes Leben und sie haben wenigstens die Ausrede einer handfesten Selbstsucht. Oder sie wollen einen Rekord brechen; dadurch würde ihr Verhalten zwar auch nicht feiner, aber es hätte wenigstens überhaupt Motive, wenn auch niedrige. Aber nichts von alledem; sie werfen ihn ohne besondere Gründe in den Abgrund.
Geschehen wann? Vorläufig nur auf der Bühne, nicht eines Theaters, auch nicht eines Filmateliers, sondern einer staatlichen Zentralstelle wofür? Das raten Sie nicht

– also einer Zentralstelle für Erziehung. Das ist nämlich der Hauptinhalt der Schuloper *Der Jasager* von Brecht und Weill, die im Zentralinstitut für Erziehung und Unterricht von Schülern aufgeführt und auch noch durch Rundfunk übertragen wurde.
Aber kommt es denn in einem solchen musikalischen Spiel überhaupt auf den Text an? Wird er nicht genau so gedankenlos heruntergesungen wie bei den sonst in der Schule üblichen Gesängen? Erstens ist das nicht anzunehmen, schon deshalb nicht, weil eine viel stärkere Anteilnahme des Schülers in der hier verwandten halbszenischen Form gefordert und erreicht wird. Und zweitens dringen auch gedankenlos gesprochene Worte, grade sie, tief ins Unterbewußtsein, wo sie mächtig weiterwirken, wie man es von der Praxis der Rosenkranzgebete in vielen Religionen weiß und wie es jetzt unter anderm Baudouin wissenschaftlich erklärt hat. Zudem borgt sich dieser Text auch noch von der Religion eine als sakrosankt erkannte Art des ethischen Pathos. Man hat also allen Grund, ihn sich genau anzusehen.
In dieser Tendenzfabel wird als zentrale Lebensweisheit gelehrt: handle nicht vernünftig und menschlich; sondern tu vor allem eins, mein Kind, gehorche! Gehorche der Konvention, ohne sie überhaupt zu prüfen, mag sie auch noch so irrsinnig sein! Wenn sie es bestimmt, dann fordere nicht Hilfe, sondern laß Dich schleunigst in den Abgrund werfen. Denke nicht, das sei eine ethisch verbrämte Gemeinheit! Man sieht: diese Jasager erinnern frappant an die Jasager während des Krieges.
Von dem Gesichtspunkt solcher Ethik wird vielleicht auch jener Zappi von der Nobileexpedition noch nach-

träglich gerechtfertigt, der seinen zusammenbrechenden Kameraden nicht nur im Stich ließ, sondern ihn wahrscheinlich auch auffraß. Ich weiß freilich nicht, ob der junge berliner Musikkritiker, der von einem »Symbol neuer Disziplin« sprach, sich die Konsequenzen dieser Lehre klar machte. Den Kadavergehorsam hat man schon früher verherrlicht; neu ist höchstens hierbei die offene Apotheose der Treulosigkeit, der menschlichen Gemeinheit.

Daß die Musik von Weill gut, die Struktur des ganzen Gebildes als Mittel künstlerischer Aktivierung gelungen ist, steht auf dem andern Blatt ästhetischer Wertung. Hier muß als viel wichtiger festgestellt werden, daß in dieser Schuloper kunstvoll eine Lebensanschauung in die Seelen junger Menschen geblasen wird, die alle bösen Ingredienzen eines auf sinnlose Autorität gegründeten reaktionären Denkens fein verteilt, aber höchst wirksam enthält. Und dann wundert man sich, wenn die moralische und soziale Weiterentwicklung um Jahrhunderte hinter der technischen zurückbleibt.

In: Die Weltbühne 26 (1930), Nr. 28, S. 70–71.

Walter Dirks
Die Oper als Predigt. Zu Brechts *Lehrstück* und zu seiner Schuloper

Gelegentlich der Berichte über Brecht-Weills Oper *Mahagonny* wurde schon auf die lehrhafte Tendenz dieser Oper hingewiesen. Diese Tendenz ist freilich dort in mehrerlei Weise gebrochen. Der Wille zur reinen Kunstform, sowohl im großen als Wille zur Oper, als auch in der einzelnen Szene und im Detail, ferner die Lust am Interessanten, Charakteristischen kreuzen die lehrhafte Tendenz. Gebrochen wird sie ferner durch ihre Beschränkung auf die Destruktion, – indem sie keine eigene Lehre aufstellt, sondern nur falsche Lehren demaskiert und angreift. Man wagt nicht recht zu entscheiden, ob die Autoren sich diese Beschränkung aus dramaturgischen oder aus persönlichen Gründen auferlegt haben. Ein anderer Hauptgrund liegt jedenfalls in der problematischen Existenz der Opernbühne. Als der große Apparat, der sie ist, ist die Opernbühne durch tausend Bande mit der Welt verknüpft, die hier angegriffen wird, der kapitalistischen. Das große Publikum ist einerseits Käufer der Eintrittskarten und steuerzahlender Bewilliger der Theatersubventionen, anderseits als Träger des kapitalistischen Geistes der in der Oper eigentlich gemeinte und angegriffene Feind. Die Autoren müssen das Publikum in dieser doppelten, dieser gegensätzlichen Eigenschaft bei der Arbeit dauernd vor Augen haben. Das bedeutet notwendig mindestens eine Hemmung ihrer eigentlichen Absichten. So ist es plausibel, daß dieser Opernform nicht das Beste der Tendenz anvertraut werden kann, aber auch, daß hier gerade die Destruktion das gegebene Thema ist. In der Destruktion vom Autor, vom erzieherischen Theaterleiter und vom positiven, nichtkapitalistischen Zuschauer aus und in der Selbstdestruktion des kapitalistischen Teiles des Publikums erfüllt sich die gegebene Situation – denn Selbstdestruktion ist in einem bestimmten Stadium von einer untergehenden Klasse durchaus vollziehbar, und ihr zu dieser Selbstzersetzung zu verhelfen, der erste Teil reformerischer Arbeit.

Diese Vermutungen, die mancher angesichts des schlechten Rufes, in dem Bert Brecht steht, als allzu wohlwollende Interpretation bezeichnen wird, lassen sich nun von einer anderen Seite aus kontrollieren. Brecht hat nämlich auch opernartige Werke geschrieben, die für ein anderes Publikum bestimmt sind und der Opernbühne aus dem Weg gehen. Da sind neben dem *Lindberghflug,* den der Referent noch nicht hören konnte, vor allem das *Lehrstück* (in Vertonung von Hindemith) und der *Ja-Sager* (in Vertonung von Weill) zu nennen. Das *Lehrstück* wurde seinerzeit u. a. in Mainz aufgeführt, den *Ja-Sager* hörte der Referent in der Berliner Krolloper (– er ist in Frankfurt in der Musterschule, dem Höchster Gymnasium und im Rundfunk aufgeführt worden). Das *Lehrstück* ist wohl am ehesten für Musikkreise, wie sie aus der Jugendbewegung hervorgegangen sind, bestimmt, der *Ja-Sager* ist als Schuloper gearbeitet.

In diesen Werken fallen die in der Oper gegebenen Beschränkungen der lehrhaften Tendenz alle fort. Die Kunstmittel haben keine eigene Existenz mehr, sondern sind dem Lehrzweck dienstbar gemacht; der Aufführungsapparat bedarf des Geldes und deshalb der Einordnung in das kapitalistische Interessengefüge nicht; die Stücke bedürfen nicht einmal mehr des Publikums, da schon in ihrer Bearbeitung durch die Aufführenden selbst ihre eigentliche Bestimmung erfüllt ist. Beide Werke sind übrigens ein Beweis dafür, daß eine solche Absage an den herrschenden Betrieb und eine solche Fürsorge für neue Ansätze musikalischen Lebens außerhalb des Betriebes durchaus nicht auf Kosten der musikalischen Form, also »primitiv« geschehen müssen. Beide Werke sind nicht primitiv, auch nicht leicht; sie verlangen sorgfältige Bemühung, aber sie verlangen keine technische oder musikalische Virtuosität; sie sind gewiß nicht nuancenreich, aber doch kräftig und mannigfaltig gegliedert, sehr lebendig und wirkungsstark. Am stärksten aber wirkt – und damit bewähren sich diese Stücke als wirkliche Lehrstücke – ihr Lehrgehalt.

Das Demonstrationsobjekt für die beabsichtigte Lehre ist im Brecht-Hindemithschen *Lehrstück* [1] ein abgestürzter Flieger, der im Sterben liegt. Der Chor stellt uns zunächst unsere Situation vor: Unsere Zeit hat den alten Traum erfüllt, wir können was niemand vor uns konnte: fliegen, aber hinter dem, was wir als »möglich« aufgezeigt haben, vergessen wir nicht das andere: das Unerreichbare. Der Flieger stellt sich uns vor: er hat sich ganz auf den Erfolg geworfen, hat viel erreicht, aber

---

[1] *Das Badener Lehrstück vom Einverständnis* (Anm. d. Herausgebers).

»über dem geschwinderen Aufbruch des Aufbruchs Ziel« vergessen, nun bittet er um Hilfe, denn er will nicht sterben. Der Chor nimmt die Bitte auf, aber die Menge weist (in der ersten »Untersuchung ob der Mensch dem Menschen hilft«) die Bitte ab: haben doch alle großen Bemühungen der Menschen, Kultur, Technik, Wissenschaft »das Brot nicht billiger gemacht«, dem Menschen nur scheinbar, nicht wirklich geholfen. Der Tod kommt näher, der Flieger klagt: ich kann nicht sterben. Der Chor kann nicht helfen, aber er kann eine Anweisung geben. Aus einem Buch läßt er dem Flieger Lehren vorlesen: Wer stirbt, muß alles aufgeben, dazu muß er sich üben; wie jener Reisende, der aus dem hohen Wagen stieg und sich auf die Erde duckte, den großen Sturm zu überwinden, muß er den Tod »in seiner kleinsten Größe« erwarten; wie jener den Sturm überwand, indem er »einverstanden« war mit dem Sturm, so muß man den Tod überwinden, indem man einverstanden ist mit dem Tod. Eine dann folgende zweite Untersuchung »ob der Mensch dem Menschen hilft« stellt in einer Groteske wiederum dar, daß die menschliche Gesellschaft zwar hilft, aber falsch hilft, im Grunde nicht helfen kann, sondern im Helfen nur tiefer schadet. Am Schluß examiniert der Chor den Flieger; er muß darin seinen Selbstanspruch immer mehr einschränken, bis er zugibt: er hat sich wenig über den Boden erhoben, er hat zuviel Ruhm dafür erhalten, er ist niemand, und niemand wartet auf ihn. Damit hat er seine kleinste Größe erreicht.

Man könnte die Haltung, die hier gelehrt wird, als heroischen Stoizismus bezeichnen. Sie enthält die Einsicht in die Begrenztheit und die Einsamkeit des Menschen und in seine Unerlösbarkeit von der menschlichen Gesellschaft her; sie verlangt vom einzelnen, diese Einsicht zu vollziehen und sein »Einverständnis« damit zu erklären. Diese Haltung enthält etwas von der christlichen Demut und vom christlichen Gehorsam, mehr aber von der Vereinsamung und der Kälte der heidnischen Unerlöstheit; sie ist als Einsamkeit ohne Trotz, als Demut ohne letzten Sinn, als Gehorsam ohne Herrn eine eigentümliche Mischung zwischen heidnischen und christlichen Haltungen.

Wie sehr diese Haltung ein Ansatzpunkt zu einer tieferen, richtigeren Haltung ist, macht der *Ja-Sager* offenkundig. Auch hier geht es um das »Einverständnis«, auch hier wird von dem Helden der Oper, einem Knaben, verlangt, daß er mit seinem Schicksal einverstanden sei. Aber dies Schicksal ist nicht mehr der fremde Tod, das doch Unvermeidliche, das blind über uns hereinbricht, ob wir nun Ja oder Nein sagen, vor dem es nur für uns selber wichtig ist, ob wir es im Trotz oder im Einverständnis erleiden, sondern hier ist es das Gebot menschlicher Sitte, das eine bestimmte Situation sinnvoll zu bewältigen verlangt: wer auf der gefährlichen Wanderung durch das hohe Gebirge krank wird und damit die Karawane gefährdet, der soll, so will es die Sitte, in den Abgrund gestürzt werden, aber er soll, so will es weiter die Sitte, sein Einverständnis erklären. Wenn hier der Knabe, der mit seinem Lehrer hinter dem Gebirge Medizin für seine kranke Mutter holen wollte, in der Einsicht der diese Sitte begründenden Situation seinen Tod als sinnvolles Opfer im Sinnzusammenhang der Welt begreift und sein Einverständnis damit erklärt, dann ist das eine ganz andere und viel tiefere Demut und ein ganz anderer Gehorsam als der stoische Gehorsam im *Lehrstück*. Auch hier ist kein Gott genannt, von dem die Forderung zum Opfer ausgeht, aber wir wissen, daß die Anerkennung der Verpflichtung gegenüber der menschlichen Gesellschaft, wo sie bis zur nüchternen Opferung des eigenen Lebens geht, daß die Anerkennung der Motive des Knaben, der Mutter, des Lehrers Elemente einer Welt sind, die die wirkliche Welt, die Welt Gottes ist. Der Knabe denkt und handelt angesichts der Situation, in die er sich gestellt sieht, so als ob hinter den realen Elementen dieser Situation die unbedingte sittliche Verpflichtung, der Ruf Gottes stünde, dem es zu lauschen und in Freiheit zu gehorchen gilt.

Das ist das Erschütternde dieses kleinen und durchsichtigen Werkes. Hier wird in einer musikalischen Form, die heute gültig ist, die das Ohr des heutigen Menschen offen findet, in einer Weise, welche die aufführenden Schüler auf das Stärkste beteiligen und beschäftigen muß, ohne Wenn und Aber, ohne verhüllendes psychologistisches Detail, ohne relativistische Verfälschung ein ethisches Grundgebot gepredigt. Das geschieht vorerst noch in der einfachsten Einkleidungsform, der Legende. Es wird sicherlich auch einmal möglich sein, dieselbe ethische Forderung mit derselben durchschlagenden Kraft an einem anderen als einem legendarischen Stoff aufzuweisen: den Situationen unserer Zeit.

In: Rhein-Mainische Volkszeitung, Frankfurt am Main, 30. Dezember 1930.

Verzeichnis der Kritiken und Aufsätze über die 1. Fassung
(Auswahl)

Aktuelles Zwiegespräch über die Schuloper zwischen Kurt Weill und Dr. Hans Fischer. In: Die Musikpflege 1 (1930/31), H. 1, S. 48–53.

H. Boettcher u. H. Trede, *Lehrstück.* In: Musik und Gesellschaft 1 (1930/31), H. 4, S. 112–116.

H. Boettcher, *Neue Musik Berlin 1930.* In: Musik und Gesellschaft 1 (1930/31), H. 5, S. 162–163.

Brecht-Weills Schuloper im Urteil der Schüler. In: Musik und Gesellschaft 1 (1930/31), H. 4, S. 118–120.

W. D. [W. Dirks], *Die Oper als Predigt. Zu Brechts »Lehrstück« und zu seiner Schuloper.* In: Rhein-Mainische Volkszeitung, 30. Dez. 1930.

S. Günther, *Neue pädagogische Musik.* In: Die Musik 23 (1930/31), H. 7, S. 490–492.

A. Heuß, *Bert Brechts »Schulstück vom Jasager«.* In: Zeitschrift für Musik 97 (1930), H. 6, S. 449–454.

W. Hirschberg, *Der Jasager. Schuloper von Kurt Weill, Text nach einem japanischen Stück bearbeitet von Bert*

Brecht. In: Signale für die Musikalische Welt 88 (1930), Nr. 27, S. 846–847.

K. Holl, *Neue Musik Berlin 1930*. In: Frankfurter Zeitung und Handelsblatt, 28. Juni 1930.

G. Martens, *Über den Jasager*. In: Anbruch. Monatsschrift für Moderne Musik 12 (1930), H. 7/8, S. 244.

E. N., *»Der Jasager«. Brecht-Weills Schuloper*. In: Vossische Zeitung, 24. Juni 1930.

E. Preussner, *Brecht und Weill: Der Jasager*. In: Anbruch. Monatsschrift für Moderne Musik 12 (1930), H. 7/8, S. 243.

H. Rosenberg, *Das Lehrstück und die Frage der »proletarischen Musik«*. In: Musik und Gesellschaft 1 (1930/31), H. 8, S. 249–250.

[W.] Schrenk, *»Der Jasager«. Schuloper von Brecht-Weill*. In: Deutsche Allgemeine Zeitung, 24. Juni 1930.

K. Thieme, *Des Teufels Gebetbuch? Eine Auseinandersetzung mit dem Werke Bertolt Brechts*. In: Hochland 29 (1931/32), H. 5, S. 397–413.

W. Twittenhoff, *Lehre – Genuß – Illusion – Tugend – Erkenntnis*. In: Musik und Gesellschaft 1 (1930/31), H. 5, S. 151–152.

F. V., *Brecht-Weills Schuloper*. In: Münchner Neueste Nachrichten, 2. Dez. 1931. [Zur Aufführung im Künstlerhaus München unter Leitung von Carl Orff.]

F. Warschauer, *Nein dem Jasager!* In: Die Weltbühne 26 (1930), Nr. 28, S. 70–71.

K. Weill, *Über meine Schuloper »Der Jasager«*. In: Die Scene 20 (1930), H. 8, S. 232–233.

Der Wurf ins Tal [1]

Aus dem Japanischen von Johannes Sembritzki

Personen [2]
Erster Teil
Nebenspieler: *Ein Yamabushi im Range Sotsu no Ajari*
Knabenrolle: *Matsuwaka*
Hauptspieler: *Die Mutter des Matsuwaka*

Zweiter Teil
Knabenrolle: *Matsuwaka*
Nebenspieler: *Sotsu no Ajari*
Hauptbegleiter: *Ein Unterführer der Yamabushi*
Begleiter: *Einige mitziehende Yamabushi*
Hauptspieler: *Der Engel himmlischer Musik*

Ort
Im Hause des Matsuwaka in Kyôto [3] (Erster Teil)
Am Katsuragi-Berg [4] in der Provinz Yamato (Zweiter Teil)

Zeit
10. Monat

Verfasser
Vermutlich Zenchiku (1405–1468)

Die *Anmerkungen des Übersetzers* zu diesem Stück stehen auf den Seiten 97–102.

84 Materialien

Erster Teil

Erste Szene[5]

Hauptspieler: Mutter des Matsuwaka, und Knabe: Matsuwaka, treten auf, gehen zum Chorplatz und lassen sich davor nieder.

NEBENSPIELER, *Sotsu no Ajari, erscheint auf der Schwebebrücke und bleibt in Höhe der ersten Kiefer stehen:* Ich bin ein Yamabushi[6] im Range Sotsu no Ajari und lebe in der Nagibaum[7]-Klause beim Tempel Imaguma-no[8]. Ich habe einen Schüler, – sein Vater ist gestorben, und er lebt allein mit seiner Mutter. Nun will ich demnächst zu einer Wallfahrt in die Berge[9] aufbrechen und gehe jetzt in die Hauptstadt, um Abschied zu nehmen[10]. *Bei diesen Worten betritt er die Bühne und wendet sich zum Hauptspieler.*

Zweite Szene

NEBENSPIELER Darf ich eintreten?
KNABE *erhebt sich und tritt in die Mitte der Bühne:* Wer seid Ihr? Oh, – der Meister ist gekommen!
NEBENSPIELER Hört, Matsuwaka, warum seid Ihr solange nicht mehr zum Tempel gekommen?
KNABE Ich bin nicht gekommen, weil meine Mutter sich krank fühlt.
NEBENSPIELER Ach, – das wußte ich nicht! Aber sagt Eurer Mutter zunächst einmal, daß ich gekommen bin.

Der Wurf ins Tal 85

KNABE *tritt vor die Mutter:* Hört, der Meister ist gekommen.

HAUPTSPIELER Bitte ihn hereinzukommen.

KNABE *zum Nebenspieler:* Bitte, tretet ein.

NEBENSPIELER *tritt in die Mitte der Bühne und läßt sich nieder. Der Knabe begibt sich wieder an seinen Platz. Der Nebenspieler wendet sich zum Hauptspieler:* Lange habe ich Euch nicht besucht. Überdies erfahre ich von Matsuwaka, daß Ihr Euch krank fühlt. Wie geht es Euch?

HAUPTSPIELER Ich fühle mich schon wieder besser. Bitte, macht Euch keine Sorgen.

NEBENSPIELER Darüber freue ich mich. Nun, – ich will demnächst auf eine Wallfahrt in die Berge gehen und bin gekommen, um Abschied zu nehmen.

HAUPTSPIELER In der Tat, – ich habe gehört, daß diese Wallfahrten eine religiöse Übung von großer Bedeutung sind! Doch sagt, wird Matsuwaka Euch begleiten?

NEBENSPIELER Das ist keine Fahrt, an der ein Knabe teilnehmen könnte.

HAUPTSPIELER Dann wünsche ich Euch Glück und baldige Rückkehr.

NEBENSPIELER Lebt wohl, ich werde Euch bald wieder aufsuchen. *Bei diesen Worten begibt er sich zur Hauptspieler-Säule.*

KNABE *erhebt sich, tritt in die Mitte der Bühne und wendet sich zum Nebenspieler:* Hört, ich habe Euch etwas zu sagen!

NEBENSPIELER *bleibt an der Hauptspieler-Säule stehen und wendet sich zum Knaben:* Was gibt es?

KNABE Matsuwaka möchte Euch auf der Wallfahrt begleiten!
NEBENSPIELER Niemals! Wie ich eben Eurer Mutter sagte... Diese Wallfahrt, strenger Satzung unterworfen, verlangt harte Übungen. Daran ist nicht zu denken, daß Ihr uns begleitet! Auch dürft Ihr Eure kranke Mutter nicht ohne Pflege hier zurücklassen. Es geht nicht an. Laßt ab davon!
KNABE Aber nein, – gerade weil meine Mutter sich krank fühlt, will ich mitgehen, um für sie zu beten!
NEBENSPIELER Wenn es so ist, dann will ich das Eurer Mutter sagen. *Kommt zurück, läßt sich in der Mitte der Bühne nieder und wendet sich zum Hauptspieler. Der Knabe begibt sich wieder an seinen Platz.* Ich bin noch einmal zurückgekommen. Matsuwaka hat mir gesagt, er wolle uns auf unserer Wallfahrt in die Berge begleiten. Ich sagte ihm, daß sich sein Wunsch wegen der Krankheit seiner Mutter und der Entbehrungen, die uns der harte Weg abverlangt, in keiner Weise erfüllen lasse. Da sagte er, er müsse uns begleiten, um für Euch zu beten. Was soll geschehen?
HAUPTSPIELER Ich verstehe Euch. Zwar ist es, wie Matsuwaka sagt, sein sehnlichster Wunsch, Euch in die Berge zu begleiten, und doch ... *Zum Knaben:* Seit dem Tag, da dein Vater mich zurückließ, habe ich nur noch dich allein. Wenn du auch nur kurze Zeit fort bist, so kann ich dich dennoch keinen Augenblick vergessen. Bedenke doch, daß ich dich liebe, und gib diesen Plan auf!
KNABE Es ist, wie Ihr sagt, und doch... Ich möchte mich der Wallfahrt mit all ihren harten Prüfungen

Der Wurf ins Tal 87

unterziehen und für das Wohl meiner Mutter in diesem Leben beten. Allein aus diesem Grunde habe ich mich dazu entschlossen!

CHOR Er fährt fort, sie zu bitten und in sie zu dringen. Der Meister und die Mutter sind von dieser großen Kindesliebe bewegt und vergießen Tränen tiefer Rührung.

Dritte Szene

HAUPTSPIELER Die Kraft fehlt mir, deinen Bitten länger Widerstand zu leisten. So ziehe denn mit dem Meister, aber kehre recht bald zurück!

KNABE Heimkehr im Herzen tragend werde ich eilen vom Tag meines Aufbruchs an, – doch ach! Weit erscheint mir der Weg zu den langgestreckten Bergen von Yamato!

HAUPTSPIELER Daß sich der Wunsch erfülle:

Dem Gott zum Opfer

KNABE
Des Flickgewandes Ärmel
Zerschnitte ich wohl ...[11]

CHOR Der Abschied ist da. Des Weges verschiedene Ziele vor Augen:

Wie würde ich müde,
Von ferne zu schauen

Die Katsuragi's
Und Takama's Gipfel
Umschwebenden Wolken...[12]

die immer düster sind wie die Sorgen der Mutter um ihren Sohn! Ach, wie schmerzlich ist der Abschied für die Mutter, für das geliebte Kind. Ach, wie schmerzlich ist der Abschied für die Mutter, für das geliebte Kind. *Bei Beginn des Chores erheben sich Nebenspieler und Knabe und begeben sich zur Hauptspieler-Säule. Der Hauptspieler erhebt sich und gibt ihnen ein paar Schritte das Geleit. Bei Schluß des Chores treten Nebenspieler und Knabe ab. Der Hauptspieler folgt ihnen. Pause, während der ein flaches Holzpodest*[13] *hereingetragen und auf der linken Seite der Bühne niedergesetzt wird.*

Zweiter Teil

Vierte Szene

Knabe: Matsuwaka, Nebenspieler: Sotsu no Ajari, Hauptbegleiter: ein Unterführer der Yamabushi, und Begleiter: einige mitziehende Yamabushi, treten auf.

NEBENSPIELER So hat der Knabe unerwartet die Gestalt eines wallfahrenden Yamabushi und trägt dessen Mütze und Gewand.[14]

NEBENSPIELER MIT BEGLEITERN *gleichzeitig, gegeneinander*

Der Wurf ins Tal 89

gewandt: Tiefes Vertrauen stärkt uns auf dem Weg, den wir heute antreten, auf dem Weg, den wir heute antreten.
Allein die Liebe zu seiner Mutter gibt seinem Herzen Kraft,

Und obwohl es Pferde gibt,
Eilt er doch zu Fuß...[15]

Für wen nimmt er all dies auf sich? Vorüber geht es an den Dörfern Kowata und Uji[16].

Der Hauptstadt fern
Den dritten Tag: Land von Mika
Und Fluß Izumi!
Kalt streicht der Wind herüber:[17]
Die Regenpfeifer klagen...[18]

Ihr Ruf ertönt, – auch dieser Tag neigt sich dem Ende zu! Ihr Ruf ertönt, – auch dieser Tag neigt sich dem Ende zu!

Weit über Land wandert mein Blick
Nach Kasuga,
Weit über Land wandert mein Blick
Nach Kasuga,
Zum Mikasa-Berg...[19]

und wir ziehen vorüber. Vorüber geht es, wenn auch schweren Herzens, am Zedernhain von Furu[20].

Des Miwa-Berges Fuß ...[21]

erblicken wir in der Ferne. Wer mag ihn sich zu seiner Wohnung bestimmt haben? Des Gipfels Felsen sind bedeckt von Moos. Den Kopf auf dem Ärmel des moosfarbenen Pilgergewandes ruhen wir dann im Tau des herbstlich bunten Katsuragi-Berges, im Tau des herbstlich bunten Katsuragi-Berges. *Bei den Worten »Des Gipfels Felsen ...« wendet sich der Nebenspieler nach vorne, tritt an die Rampe und wieder zurück, so den Verlauf der gemeinsamen Reise anzeigend. Bei Schluß des Gesanges wendet sich der Nebenspieler nach vorne.*

NEBENSPIELER Wir sind eilend dahingezogen und haben so bereits die erste Felshöhle[22] erreicht. *Zum Hauptbegleiter:* Wir wollen hier eine Zeit lang verweilen.

HAUPTBEGLEITER So sei es.

NEBENSPIELER *zum Knaben:* Legt Euch ein wenig nieder. *Bei diesen Worten gehen sie gemeinsam vom Nebenspieler-Platz zum Orchester-Platz und lassen sich nebeneinander in einem Halbkreis nieder.*

Fünfte Szene

KNABE *zum Nebenspieler:* Hört, ich habe Euch etwas zu sagen!

NEBENSPIELER Was gibt es?

KNABE Ich fühle, daß ich unterwegs krank geworden bin.

NEBENSPIELER Sprecht nicht weiter! Wer zu dieser Wallfahrt aufgebrochen ist, darf so etwas nicht sagen! Sicher

Der Wurf ins Tal 91

seid Ihr von der ungewohnten Wanderung ermüdet. Ruht Euch gut aus.
Knabe und Nebenspieler wechseln die Plätze. Der Knabe legt sich nieder und lehnt seinen Kopf an das Knie des Nebenspielers. Der Hauptbegleiter erhebt sich und läßt sich zwei anderen Begleitern gegenüber nieder.
HAUPTBEGLEITER *zu zwei anderen Begleitern:* Ich höre, daß Matsuwaka meint, er sei unterwegs krank geworden. Ich will den Meister danach fragen.
DIE ZWEI BEGLEITER Ja, tut das.
HAUPTBEGLEITER *zum Nebenspieler:* Ich höre, daß Matsuwaka sich krank fühlt. Wie steht es damit? Ich mache mir Sorgen um ihn.
NEBENSPIELER Es scheint die Erschöpfung von der ungewohnten Wanderung zu sein. Es ist nicht schlimm.
HAUPTBEGLEITER Dann bin ich beruhigt.
BEGLEITER *zum Hauptbegleiter:* Hört uns an! Der Meister sagt zwar, Matsuwaka sei nur von der Wanderung erschöpft. Wir aber halten seinen Zustand doch für bedenklich. Sollten wir also nicht dem Großen Gesetz[23] folgen und ihn dem Brauch des Talwurfs unterwerfen[24]?
HAUPTBEGLEITER Doch, das sollten wir wirklich tun. Ich will es dem Meister sagen. *Zum Nebenspieler:* Hört mich an! Als ich soeben nach Matsuwaka fragte, erfuhr ich von Euch, er sei nur von der Wanderung erschöpft. Ich scheue mich, es zu sagen, – aber es gibt das seit alters überlieferte Große Gesetz, und sie sind alle der Meinung, daß wir ihn dem Brauch des Talwurfs unterwerfen sollten.

NEBENSPIELER Wie denn, sie sagen, wir sollten Matsuwaka dem Brauch des Talwurfs unterwerfen?
HAUPTBEGLEITER So ist es.
NEBENSPIELER Da es das Große Gesetz ist, haben wir keine Wahl. Aber mich ergreift der Knabe mit seinem guten Herzen. Ich will ihm schonend von dem Großen Gesetz erzählen.
HAUPTBEGLEITER Ja, tut das.
NEBENSPIELER Hört, Matsuwaka, und achtet wohl auf meine Worte. Seit alters ist es das Große Gesetz, daß, wer zu dieser Wallfahrt aufbricht und unterwegs von Krankheit gezeichnet wird, sein Leben alsbald durch den Wurf ins Tal verliert. Ach, könnte ich doch mit Euch tauschen! Mein Leben würde mir nicht zu schade sein. Doch es gibt keinen Ausweg.
KNABE Ich verstehe Euch. Zwar war es mein sehnlichster Wunsch, diesen Weg zu gehen und mein Leben dabei einzusetzen, und doch ... Der Gedanke an das Leid meiner Mutter verursacht mir tiefen Schmerz. Auch durfte ich, als Folge eines früheren Daseins[25], nur flüchtig Euer aller Gefährte sein. Ach, nur schweren Herzens vermag ich mich von Euch zu trennen!
CHOR Keiner findet ein Wort des Trostes, alle erheben ihre Stimmen und klagen, von Tränen erstickt.
Ihre Trauer ergreift uns, und wir sind voller Mitleid.

Sechste Szene

BEGLEITER *gemeinsam:* Wir alle sind tief bewegt und voll Trauer, das ist der Lauf dieser Welt des Leides.

Der Wurf ins Tal 93

Hier aber geht es vor allem um das Große Gesetz. Im Angesicht der Götter gibt es keine Freiheit. Wir müssen ihn dem Brauch des Talwurfs unterwerfen. *Sie erheben sich gemeinsam und richten ihre Blicke fest auf den Knaben.*

NEBENSPIELER Zwar bin ich Euer Anführer, – doch bin ich auch dem Knaben als sein Lehrer besonders verbunden, und so weiß ich keinen Trost. Mein Blick verdüstert sich, und meine Augen sind blind von Tränen.

CHOR Nichts vermag seine Tränen aufzuhalten, er hat nur den einen Wunsch: Ach, – könnte ich doch sein Los teilen! Aber sogar dieser Wunsch bleibt unerfüllbar, so schmerzlich es ist.

Von den vielen leidvollen Erfahrungen auf Erden ist die leidvollste die, noch lebend getrennt zu werden.[26] Dann lieber die Trennung im Tod, – das ist weniger schmerzlich!

Aller Dinge ewiger Wandel ist das Gesetz der Welt. Sie gleicht einem Traum oder einer Blase, sie ist wie der Tau oder wie der Blitz, und so muß man sie betrachten[27]. Bedenkt er nicht dies Gesetz und dieser Lehre tiefen Sinn? Denn obwohl er den Weg der Yamabushi beschritten hat[28], ist er nicht fähig, das Tor des Brennenden Hauses[29] hinter sich zu lassen, und stimmt ein in die Klage der Liebe zwischen Eltern und Kindern[30] in den friedelosen Drei Welten[31].

HAUPTBEGLEITER Da indessen die Zeit vergeht... *Die Begleiter erheben sich zugleich.*

CHOR Gemeinsam fassen sie den schweren Entschluß, und als durchbohrte sie das Schwert eines willkürlichen Schicksals[32], stürzen sie den Knaben in die steile

Schlucht hinunter. Dann werfen sie Geröll und Erdklumpen [33] hinterher und decken ihn zu.

Es zerreißt ihnen das Herz, sie alle erheben ihre Stimmen und klagen unter Tränen und klagen unter Tränen. *Zwei Begleiter nehmen den Knaben, führen ihn auf das Holzpodest und stoßen dieses herüber zur Blickrichtungs-Säule. Dann begeben sie sich wieder an ihre Plätze. Der Knabe wird mit einem Gewand verhüllt.*

Siebente Szene

HAUPTBEGLEITER *zum Nebenspieler:* Schon steht die Sonne hoch am Himmel. Ihr solltet in Eile mit uns aufbrechen!

NEBENSPIELER Ich werde nicht fortgehen!

HAUPTBEGLEITER Wenn unser Anführer nicht aufbricht, was sollen wir dann tun? Macht Euch eilig auf!

NEBENSPIELER Bedenkt doch, – was soll ich der Mutter dieses Knaben sagen, wenn wir in die Hauptstadt zurückkehren? Im Grunde ist kein Unterschied zwischen Krankheit und Schmerz. So unterwerft denn auch mich dem Brauch des Talwurfs.

HAUPTBEGLEITER Mit Recht empfindet Ihr so großen Schmerz. *Zu zwei anderen Begleitern:* Hört mich an! Der Meister hat gesagt, es sei kein Unterschied zwischen Krankheit und Schmerz, und wir sollten auch ihn dem Brauch des Talwurfs unterwerfen. Was ist da zu tun?

BEGLEITER Wahrlich mit Recht empfindet der Meister so

Der Wurf ins Tal 95

großen Schmerz. Doch hört unsere Meinung: Die durch die Übungen langer Jahre erworbenen Kräfte [34] erweisen sich gerade in einem solchen Augenblick! Wir wollen zu dem Begründer unseres Ordens, En no Gyôja [35], und zu Fudô Myôô [36] beten [37] und sie bitten, Matsuwaka noch einmal ins Leben zurückkehren zu lassen.

HAUPTBEGLEITER Das ist richtig. *Zum Nebenspieler:* Hört mich an! Alle sagen, die durch die Übungen langer Jahre erworbenen Kräfte würden sich gerade in einem solchen Augenblick erweisen. Sie sagen, wir sollten zu dem Begründer unseres Ordens, En no Gyôja, und zu Fudô Myôô beten und sie bitten, Matsuwaka noch einmal ins Leben zurückkehren zu lassen.

NEBENSPIELER Solches zu hören war mein Wunsch. Auch ich will hier ein Bittgebet sprechen.

HAUPTBEGLEITER So sei es.

BEGLEITER *gemeinsam:* Wir erkennen den unvorstellbar großen Schmerz unseres Meisters, und das gleiche Gefühl ergreift auch unser Herz. *Nebenspieler und Begleiter erheben sich gemeinsam und wenden sich nach vorne.*

NEBENSPIELER Bei der Macht Fudô Myôô's, auf die wir so viele Jahre unsere Hoffnung gesetzt haben ...

BEGLEITER *gemeinsam:* Und so auch bei der Gottheit dieses Berges und den guten Göttern, die das Gesetz Buddhas bewahren ...

NEBENSPIELER Doch vor allem bei dem Begründer unseres Ordens, En no Gyôja, ...

BEGLEITER *gemeinsam:* Erbarmt Euch! Erhört unser Flehen! Sendet die himmlische Botin, den Engel himmlischer Musik, und helft! *Ihre Rosenkränze drehend, sprechen sie gemeinsam das Gebet. Dann begeben sie sich wieder an ihre Plätze und lassen sich nieder. Der Hauptspieler, der Engel himmlischer Musik, erscheint auf der Schwebebrücke und tritt vor bis zur ersten Kiefer.*

Achte Szene

CHOR Der Engel himmlischer Musik schwebt herbei, der Engel himmlischer Musik schwebt herbei, *der Hauptspieler betritt die Bühne,* kniet vor Gyôja[38] nieder, *läßt sich vor dem Nebenspieler nieder,* neigt sein Haupt und empfängt den Befehl, *macht eine Verneigung und erhebt sich,* fliegt rasch zu dem in die Schlucht Gestürzten, *besteigt das Podest,* wirft fort, reißt hinweg Sand, Geäst und Steine über ihm, *entfernt die beiden Bäume,* beseitigt leise und behutsam die Erde, die ihn bedeckt, hebt den Knaben, *ergreift das Gewand des Knaben,* unverletzt auf seine Arme, *legt seine Arme um den Knaben,* und bringt ihn vor Gyôja, *führt den Knaben vor den Nebenspieler.* Dessen Gesicht zeigt den Ausdruck der Freude, mit gütiger Hand streicht er dem Knaben über das Haar, *der Nebenspieler berührt mit dem Rosenkranz das Gesicht des Knaben.* Mit den Worten: »Sei gesegnet, gesegnet! Ich bewundere das von tiefer Kindesliebe erfüllte Herz!« entfernt er sich.

Der Engel himmlischer Musik zieht mit ihm und bereitet den Weg, *der Hauptspieler erhebt sich und wendet sich nach hinten.* Das Gesträuch durchdrin-

Der Wurf ins Tal 97

gend ziehen sie den steilen Pfad bergan, *wendet sich nach vorne*, steigen hinauf zum Takama und Katsuragi, den Wolkendunst umzieht, *wendet sich nach links*, wandern weiter über die Felsenbrücke [39], die, von Menschen nie erblickt, dennoch errichtet wurde, dem Ômine [40] entgegen, weit, weit fort, *betritt die Schwebebrücke*, dem Ômine entgegen, weit, weit fort, entschwinden schließlich durch die Lüfte ... *Bleibt vor dem Vorhang stehen und bewegt die Füße im Takt. Knabe, Nebenspieler und die anderen folgen. Durch den Vorhang ab.*

Anmerkungen des Übersetzers

Der Übersetzung liegt die von *Sanari Kentarô* herausgegebene Sammlung *Yôkyoku-taikan*, Tôkyô 1956 (3. Aufl.), zugrunde. Ziel der Übersetzung war es, den Originaltext in einer möglichst genauen und anschaulichen Fassung wiederzugeben. Die metrisch gebundenen Partien wurden mit Ausnahme der Gedichtzitate in Prosa übertragen. Der Kommentar der japanischen Ausgabe wurde für die Übersetzung und die Anmerkungen benutzt.

1 Der japanische Titel lautet *Tanikô*. *Tani* bedeutet Tal, *Kô* bedeutet Ritus, Zeremonie und zugleich Gang, -wärts. Das Wort *Tanikô* bezeichnet also sowohl den Ritus als auch dessen Inhalt. Der späterhin in der Übersetzung gewählte Ausdruck: »jemanden dem Brauch des Talwurfs unterwerfen« versucht diesen doppelten Bezug des japanischen Wortes wiederzugeben. (Vgl. Anm. 24.)

2 Das *Nô* verfügt über eine bestimmte Anzahl von Rollentypen, die genau festgelegt sind. Es gibt einen Hauptspieler *(Shite)* und einen Neben- oder Gegenspieler *(Waki)*. Beide können einen oder mehrere Begleiter *(Tsure* und *Wakizure)* bei sich haben. Außerdem können Kinder- und Dienerrollen *(Kokata* und *Tomo)* hinzutreten.

3 *Kyôto*, Stadt in der Provinz *Yamashiro*.

4 *Katsuragi*, Berg in der Provinz *Yamato*. Eine der heiligen Stätten der Yamabushi-Sekte.

98 Materialien

Die beiden Provinzen *Yamashiro* und *Yamato* liegen in Zentral-Japan und entsprechen etwa den heutigen Präfekturen *Kyôto* und *Nara*.
5 Von den Bühnenanweisungen des Originals wurden nur diejenigen in die Übersetzung aufgenommen, die den Bewegungsablauf der Handlung auf der Bühne erkennen lassen und an Hand des Bühnenplans (vgl. S. 102) verfolgt werden können.
6 *Yamabushi* (wörtl.: die in den Bergen liegen), buddhistischer Laienorden, der bis ins 8. Jahrhundert zurückreicht. Nach der Überlieferung ist *En no Gyôja* (vgl. Anm. 35) sein Begründer. Ursprünglich buddhistischer Herkunft, nahm der Orden im Laufe seiner Entwicklung viele Elemente des in Japan heimischen Shintôismus in sich auf. Das Ergebnis war ein Kult, in dem Magie, Zauberei, Teufelsaustreibung, Geisterbeschwörung und Wahrsagerei vorherrschend waren.
7 Den Blättern des *Nagi*-Baumes wurde Wunderkraft zugeschrieben. In Anlehnung an diese Vorstellung scheint es sich hier um eine glückbringende Namengebung zu handeln.
8 *Ima-guma-no*, Kwannon-Tempel bei *Kyôto* und vermutlich ein Zweigtempel der *Yamabushi*-Sekte. Der Name des Tempels bezeichnet zugleich die umliegende Berggegend.
9 Japanisch: *Mine-iri* (wörtl.: Bergfahrt, Gipfelfahrt). Entscheidendes Ritual der *Yamabushi* zur Erlangung übernatürlicher Kräfte. In regelmäßigen Abständen unternahmen die *Yamabushi* Wallfahrten ins Gebirge, auf denen sie strengste Askese übten und sich magischen Riten und Praktiken ergaben. Eine solche Wallfahrt beschreibt das Nô-Spiel *Tanikô*, das die *Yamabushi* und ihr Tun freilich stark idealisiert. *Tanikô* ist weder Märchen noch Legende (beides in der Brecht-Literatur zu finden), sondern Kultspiel.
10 *Matsuwaka* ist nicht nur der Schüler des *Yamabushi*. Er und die Mutter sind zugleich seine Patrone: daher der höfliche Abschiedsbesuch.
11 Aus einem Gedicht des *Sosei Hôshi, Kokinshû* IX, 16: »Dem Gott zum Opfer / des Flickgewandes Ärmel / zerschnitte ich wohl. / Doch er, des Herbstlaubes müde, / gäbe vielleicht sie zurück.«
Das Flickgewand ist das buddhistische Mönchs- oder Priestergewand, das zum Zeichen der Armut nur aus einzelnen Flicken zusammengesetzt war.
12 Zitiert aus dem *Shinkokinshû* XI, 1: »Wie würde ich müde, / von ferne zu schauen / die Katsuragi's / und Takama's Gipfel / umschwebenden weißen Wolken!«
Das Gedicht ist eigentlich ein Liebesgedicht und beschreibt die Sehnsucht nach dem (der) fernen Geliebten. Hier wird es in einen neuen Gedankenzusammenhang gerückt und bringt nun die Sehnsucht von Mutter und Sohn zum Ausdruck.
Takama, der höchste Gipfel des *Katsuragi*-Berges.

13 Dieses Holzpodest *(Ichi-jô-dai)* ist ein häufiges Requisit der *Nô*-Bühne. Es hat die Form eines flachen Kastens und mißt in der Länge ca. 1,80 m, in der Breite ca. 0,90 m und in der Höhe ca. 0,20 m. Im Falle von *Tanikô* sind an den beiden vorderen Ecken noch zwei *Mochi*-Bäume (eine Ilex-Art) angebracht.

14 Die in dem nun folgenden Reisegesang genannten Orte gehören zu den berühmtesten Japans und sind in vielen Gedichten besungen worden. Der Originaltext besteht an dieser Stelle aus einer syntaktisch losen Folge von Gedichtzitaten, deren grammatischer Zusammenhang in der Übersetzung kaum noch gewahrt werden kann. Auch die zahlreichen Anspielungen und Assoziationen, die sich einerseits aus der bloßen Nennung der Ortsnamen und andererseits aus den Gedichtzitaten ergeben, gehen in der Übersetzung fast ganz verloren.

15 Aus einem Gedicht des *Kakinomoto no Hitomaro, Manyôshû* XI, 2425: »In Yamashina, / im Dorfe Kowata, / gibt es wohl Pferde. / Ich aber eile zu Fuß, / denn mein Herz ist voll Sehnsucht.«
Das Gedicht ist ursprünglich ebenfalls ein Liebesgedicht. (Vgl. Anm. 12.) Das Besorgen eines Pferdes würde einen Zeitverlust bedeuten, den der Dichter vermeiden möchte, um möglichst schnell zu seiner Geliebten zu kommen. Auch der Knabe hält sich nicht lange mit der Suche nach einem Pferd auf. Von Sehnsucht erfüllt eilt er zu Fuß weiter, um rasch ans Ziel und wieder heim zu gelangen.
Yamashina, Landschaft in *Yamashiro.*
Kowata, Ort in *Yamashiro.*

16 *Uji,* Ort in *Yamashiro.*

17 Zitiert aus dem *Kokinshû* IX, 3: »Der Hauptstadt fern / den dritten Tag: Land von Mika / und Fluß Izumi! / Kalt streicht der Wind herüber: / gib mir ein Kleid, Kase-Berg!«
Die Pointe des Gedichts beruht auf einem im Deutschen nicht wiederzugebenden Wortspiel: *Kase* ist einmal der Name des Berges, zum andern aber auch die Imperativform des Verbums Kasu = leihen, geben. Der Gleichklang der beiden Worte veranlaßt den Dichter zu der scherzhaften Aufforderung an den Berg, ihm ein Gewand gegen die Kälte zu leihen.
Mika, Landschaft in *Yamashiro.*
Izumi, Fluß in *Yamashiro.*
Kase, Berg in *Yamashiro.*

18 Aus einem Gedicht des *Ki no Tsurayuki, Shûishû* IV, 10: »Sehnsucht, übermächtig, / zieht mich zu der Geliebten. / Winternächtlicher / Wind weht kalt vom Flusse her: / die Regenpfeifer klagen.«
Die beiden zuletzt genannten Gedichte stehen thematisch in engem Zusammenhang: sie behandeln beide die kalte Jahreszeit. Zu dieser thema-

tischen Parallele kommt noch eine sprachliche hinzu: die vierte Zeile lautet in beiden Gedichten im Original fast gleich. Dieses stilistische Moment ermöglicht die Überlagerung der beiden Gedichtzitate.

19 Aus einem Gedicht des *Abe Nakamaro, Kokinshû* IX, 1: »Über das Himmelsrund / wandert mein schweifender Blick. / Auch in Kasuga, / über dem Mikasa-Berg, / ging, ach, jetzt der Mond auf!«
Das Gedicht entstand in China und beschreibt die Sehnsucht eines im Ausland lebenden Japaners nach seiner Heimat. Der Dichter versucht in dem Gedanken Trost zu finden, daß derselbe Mond, den er in China betrachtet, auch über Japan scheint.
Kasuga, Landschaft in *Yamato*.
Mikasa, Berg in *Yamato*.
20 *Furu*, Ort in *Yamato*. Der Zedernhain gehört zu dem in *Furu* gelegenen *Iso-no-kami*-Schrein.
21 Zitiert aus dem *Kokinshû* XVIII, 50: »Meine Hütte steht / unten am Miwa-Berge. / Wenn du Sehnsucht hast, / komme nur, suche mich auf! / Kryptomerien am Tore.« (Übersetzung von W. Gundert, Lyrik des Ostens, München 1952, S. 414.)
Miwa, Berg in *Yamato*.
22 Diese am Wallfahrtsweg gelegenen Felshöhlen waren notdürftig hergerichtete Unterkünfte für die Pilger.
23 Das Große Gesetz *(Taihô)* bezeichnet eine strenge Ordensregel, auf deren Einhaltung unerbittlich bestanden werden muß.
24 Das Große Gesetz der *Yamabushi* verlangt, daß ein während der Wallfahrt erkrankter Pilger ins Tal geschleudert und unter nachgeworfenem Geröll begraben wird *(Tanikô)*. Erkrankt ein Pilger unterwegs, so ist das ein göttlicher Hinweis auf seine Unreinheit. Er gefährdet damit seine Mitpilger und den Erfolg der Wallfahrt. Um sich selbst zu retten, müssen sie ihn töten.
25 Nach buddhistischer Lehre ist der Mensch solange an den Kreislauf der Wiedergeburten gebunden, bis er sich in einer langen Folge von Existenzen geläutert und am Ende die Buddhaschaft erlangt hat. Dabei wirken sich die Taten und das Verhalten des Menschen immer unmittelbar auf die nachfolgende Existenz aus und bestimmen deren Verlauf. Alles, was dem Menschen in seinem gegenwärtigen Dasein begegnet, ist selbstverdientes Glück oder selbstverschuldetes Unglück und wird als notwendige Folge einer früheren Existenz gedeutet und angenommen.
26 Zitiert nach der Elegie *Shao Ssu Ming* des *Ch'u Tz'u*, Band 2 *(Chiu Ko)*: »No sorrow is greater than the parting of the living; / No happiness greater than making new friendships.« (Übersetzung von D. Hawkes, Ch'u Tz'u, The Songs of the South, Oxford 1959, S. 41.)

27 Zitiert nach dem Sutra der Diamantenen Weisheit *(Kongô-Hannya-kyô)*: »In allem ist das Gesetz des ewigen Wandels. Es ist wie ein Traum, wie eine Blase, wie der Tau oder wie der Blitz. Betrachte es also.«

28 Die irdische Welt ist eine Welt des Scheins und der Vergänglichkeit. Um sich von ihr zu befreien, muß man sich innerlich und äußerlich radikal von ihr abwenden und jede Gefühlsbindung an das Leben aufgeben. Von einem *Yamabushi*-Meister sollte man erwarten, daß er nach jahrelanger Übung und Askese die Fähigkeit dazu erlangt hat. (Vgl. Anm. 30.)

29 Zitiert nach dem Lotos-Sutra *(Hokke-kyô)*: »In den Drei Welten kommt man nicht zur Ruhe; das ist wie ein brennendes Haus.« (Vgl. Anm. 31.)

30 Anspielung auf das japanische Sprichwort: Ein Kind ist eine Fessel an die Drei Welten. (Vgl. Anm. 31.) Der Meister liebt seinen Schüler wie ein Vater seinen Sohn. Darüberhinaus zeigt die starke Anteilnahme, die er an dem Schicksal des Knaben und seiner Mutter nimmt, wie tief er noch im Bereich der Drei Welten, d. h. in der irdischen Welt, verhaftet ist.

31 Die Drei Welten *(San-gai)* sind die Welt der Begierden *(Yoku-kai)*, die Welt der körperlichen Erscheinungen und der an sie gebundenen Leidenschaften *(Shiki-kai)* und die körper- und leidenschaftslose Welt *(Mu-shiki-kai)*. Sie gehören alle drei noch in den Bereich der irdischen Welt der Erscheinungen und müssen auf dem Wege zur Erleuchtung in der Folge der Wiedergeburten überwunden werden.

32 Japanisch: *Jaken*, buddhistischer Spezialausdruck. Bezeichnet die falsche Sicht, in der die kausale Notwendigkeit nicht als solche erscheint.

33 Wörtlich: regen(feuchte) Erdklumpen. Der Ausdruck ist eine Anspielung auf eine Stelle aus dem *Lun Heng* des *Wang Ch'ung*: »Regen zerbricht den Erdklumpen nicht.«

34 Gemeint sind durch Magie und Zauberei erlangte übernatürliche Kräfte. (Vgl. Anm. 9.)

35 *En no Gyôja* (7.-8. Jahrhundert) ist der legendäre Begründer der *Yamabushi*-Sekte. Er soll sich schon in jungen Jahren mit dem Buddhismus beschäftigt, später aber vorzugsweise der Magie zugewandt haben. Über 30 Jahre soll er auf dem *Katsuragi*-Berg gelebt haben und dort in völliger Einsamkeit seinen Studien und Übungen nachgegangen sein. Später soll der Zauberei angeklagt und zeitweise verbannt worden sein. Nach der Legende war sein Leben reich an Wundertaten.

36 *Fudô Myôô*, einer der Schutzdämonen des Buddhismus, zu den Fünf Lichtkönigen *(Godaison-myôô)* gehörig. *Fudô* hat die Macht, böse Geister zu bannen; er erscheint in furchterregender Gestalt, von Flammen umgeben; in der rechten Hand hält er ein Schwert, die Dämonen zu schlagen, in der linken Hand ein Seil, sie zu binden.

37 Wörtlich: Wir wollen uns an das Seil *Fudô Myôô's* klammern...
(Vgl. Anm. 36.)
38 *Gyôja* (wörtl.: Asket) steht hier zugleich für den Namen *En no Gyôja*. Der *Yamabushi*-Meister enthüllt sich in der letzten Szene als eine Wiederverkörperung des *En no Gyôja* (vgl. Anm. 35). Erst von hier aus wird seine Antwort: »Solches zu hören war mein Wunsch« verständlich.
39 Die Legende erzählt, daß *En no Gyôja* während seines Aufenthaltes auf dem *Katsuragi*-Berg starke Wunderkraft erlangte, mit der er die Bergdämonen bannte und sich untertan machte. Er befahl ihnen, zwischen dem *Katsuragi*- und *Ômine*-Berg eine Felsenbrücke zu bauen.
40 *Ômine*, Berg in *Yamato*, eine der heiligen Stätten der *Yamabushi*-Sekte.

Vereinfachter Plan der Nô-Bühne (mit den Positionen für *Tanikô*).

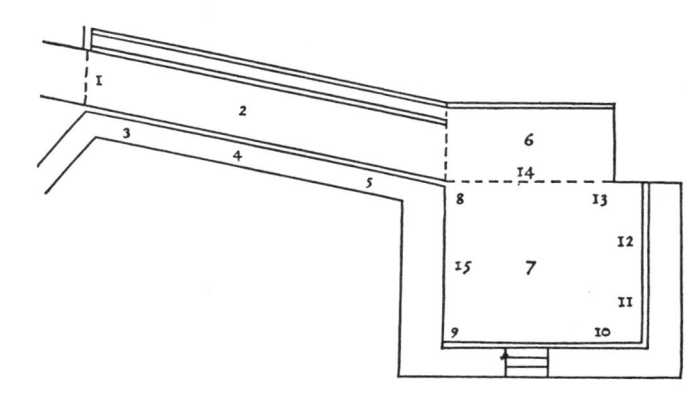

1 Vorhang
2 Schwebebrücke
3 Dritte Kiefer
4 Zweite Kiefer
5 Erste Kiefer
6 Hintere Bühne
7 Vordere Bühne
8 Hauptspieler-Säule
9 Blickrichtungs-Säule
10 Nebenspieler-Säule
11 Nebenspieler-Platz
12 Chor-Platz
13 Flötenspieler-Säule
14 Orchester-Platz
15 Holzpodest

Nachwort von Peter Szondi

Für A. K.

I

Das vierte Heft der *Versuche*, erschienen im Jahr 1931, enthält als elften Versuch die beiden Schulopern: *Der Jasager* und *Der Neinsager*. Wie auch in den späteren Ausgaben – *Gesammelte Werke*, Band 2 (1938), *Stücke*, Band 4 (1955) – folgen dem Text Auszüge aus Protokollen von Diskussionen, die mit Schülern der Karl Marx-Schule Neukölln über den *Jasager* geführt wurden. In der Vorbemerkung dazu heißt es: »Diskutiert wurde eine dem Japanischen nahe Fassung des Stückes... Die beiden in den *Versuchen* abgedruckten Fassungen sind unter Berücksichtigung dieser Protokolle hergestellt worden.« Da die Diskussionen nach einer Aufführung stattfanden, muß es sich bei der in der Vorbemerkung erwähnten Fassung um den von Kurt Weill komponierten Text handeln.[1] Dieser ist nicht nur im Klavierauszug überliefert, er wurde wenige Monate vor der Uraufführung auch in der Zeitschrift *Die Musikpflege* abgedruckt und erschien zudem als Sonderdruck aus dem

---

[1] »Brecht, der die [Ur-]Aufführung im Sommer [am 23. Juni 1930 im Zentralinstitut für Erziehung und Unterricht] nicht sehen konnte, bat seine Freunde von der Karl-Marx-Schule in Neukölln, Lehrer und Schüler, die Schuloper einzustudieren, um die Wirkung von Stück und Aufführung auf ein junges Publikum zu überprüfen.« Elisabeth Hauptmann im Programmheft zur Aufführung des *Jasagers* und des *Neinsagers* am 28. April 1966 durch die 2. Erweiterte Oberschule [Ost-]Berlin.

(damals noch unveröffentlichten) vierten Heft der *Versuche*. Obwohl aus den zitierten Sätzen hervorgeht, daß der im vierten Heft der *Versuche* erschienene *Jasager* wie auch der *Neinsager* als Abwandlungen einer früheren Fassung des *Jasagers* entstanden, und dieser Text in mehreren Drucken überliefert ist, haben nicht nur viele Leser Brechts, sondern lange Zeit auch die Brechtforschung das Nebeneinander von *Jasager* und *Neinsager* in den Ausgaben als ein entstehungsgeschichtliches Nacheinander verstanden und diesen *Jasager* für die von den Schülern der Karl Marx-Schule abgelehnte erste Fassung, den *Neinsager* aber für die daraufhin geschriebene zweite Fassung gehalten. In der 1955 erschienenen Darstellung von Ernst Schumacher *Die dramatischen Versuche Bertolt Brechts 1918–1933* wird gesagt, Brecht habe den Einwänden der Schüler Rechnung getragen und dem Stück eine neue Fassung gegeben, »die er *Der Neinsager* nannte« (S. 339), und so stammen auch die zur Charakterisierung der ersten Fassung angeführten Textstellen ausnahmslos aus der zweiten. Ebensowenig trifft die Behauptung John Willetts in *Das Theater Bertolt Brechts* (deutsch 1964) zu, der *Neinsager* sei das gleiche Stück wie der *Jasager*, aber »mit einem anderen Schluß« (S. 27). Denn nur der ersten Fassung des *Jasagers*, die Willett im zitierten Zusammenhang nicht meint, läßt sich der *Neinsager* in dieser Weise gegenüberstellen. Der Unterschied zwischen den beiden Stücken, wie Brecht sie nach der Verwerfung der ersten *Jasager*-Fassung schrieb, geht nicht bloß auf eine Verschiedenheit der Schlüsse, also der Entscheidung des Knaben, zurück, sondern auch auf die Differenz im Ausgangspunkt, der diese Entscheidung bedingt. Brecht konnte in einer Vorbemerkung zum vierten Heft der *Versuche* nur darum vorschreiben, daß »die zwei kleinen Stücke ... womöglich nicht eins ohne das andere aufgeführt werden« sollten, weil sie einander nicht, wie man aus den Überschriften folgern könnte, ausschließen, sondern in Wahrheit ergänzen. Wenn der Knabe das eine Mal ja und das andere Mal nein sagt, so nicht, weil er in dem einen Stück ein Jasager, in dem anderen ein Neinsager ist. Sondern es sind die Verhältnisse, die Seuche in der endgültigen Fassung des *Jasagers*, die ihn bestimmen, seinen Tod zu bejahen, während er, sobald die Reise nur dem Lernen dient und sein Tod von einem »großen Brauch« diktiert erscheint, sich dagegen auflehnt und nein sagt. In der selben Situation freilich hatte er in der ersten Fassung ja gesagt. Wegen der Ablehnung, auf die dieses Einverständnis bei den Schülern der Karl Marx-Schule, und nicht nur bei ihnen, stieß, ließ Brecht den Knaben nein sagen und einen neuen Brauch einführen. Zugleich muß er sich aber gefragt haben, welche Umstände das Einverständnis des Knaben dennoch rechtfertigen könnten: so entstand die zweite Fassung des *Jasagers*.

2

In der Vorbemerkung zu den Diskussionsprotokollen wird der Text der Uraufführung als »eine dem Japanischen nahe Fassung des Stückes« bezeichnet. Das wirft die Frage auf, ob die Kritik, die an dem *Jasager* geübt wurde, in seiner zu großen Nähe zu dem japanischen Nô-Stück *Tanikô* begründet ist. Die erste Version des *Jasagers* ging aus Elisabeth Hauptmanns Übersetzung von Arthur Waleys englischer *Tanikô*-Fassung hervor. Mit diesem, ursprünglich in der Zeitschrift *Der Scheinwerfer* publizierten, Text ist so der *Jasager* zunächst zu vergleichen. Dabei fällt die säkularisierende Tendenz auf. Brechts Schule liegt nicht im Tempel, sondern in der Stadt; die Reise wird nicht als Pilgerfahrt, sondern als Forschungsreise zu den »großen Lehrern« unternommen; der Knabe schließt sich den anderen an, nicht um für seine kranke Mutter zu beten, sondern um für sie Medizin zu holen. Und nicht schon die Erkrankung des Knaben, sondern erst die Beschaffenheit des Gebirges, die keinen über den schmalen Grat tragen läßt, schafft den Fall, auf den der große Brauch Anwendung finden soll. Beachtet man die Einwände und Vorschläge, die in den Schuldiskussionen laut wurden – und Brecht hat die von ihm in der zweiten Fassung und im *Neinsager* berücksichtigten durch Sperrdruck hervorgehoben –, so wird deutlich, daß die Kritik vornehmlich in Ritzen einhakte, die allererst durch die Säkularisierung entstanden waren. Weil Brecht das Motiv des schmalen Grats eingeführt hat, konnte ihm ein Schüler vorhalten, daß gar nicht versucht wird, mit dem Knaben über den Pfad zu kommen, ein anderer Schüler schlug das Anseilen vor. Weil das Gesetz, das den Tod des Knaben vorschreibt, diesem nicht bloß mitgeteilt wird, weil es vielmehr auch sein Einverständnis verlangt, konnte gewünscht werden, der Knabe möge erst ja sagen, nachdem er ein wenig gezaudert hat. Solange ferner die Reise eine Pilgerfahrt ist, der sich der Knabe anschließt, um für seine Mutter zu beten, verbindet sie alle der gemeinsame Zweck, während in der Brechtschen Fassung der Knabe sein Leben um einer Lehre willen hergibt, die er selber nie gesucht hat und deren Dringlichkeit zudem nicht dargelegt wird. Erst die zweite Fassung des *Jasagers* stellt den gemeinsamen Zweck der Reise wieder her, indem nun auch die anderen Medizin holen wollen, während im *Neinsager* der Knabe nein sagt, da »das Lernen durchaus warten kann«. Entscheidender aber als diese Verschiebungen ist die Wandlung, die sich an dem Motiv des großen Brauchs vollzieht. Wenn er befremdet hat, so darum, weil er, durch die säkularisierende Bearbeitung seines religiösen Kontextes beraubt, in die aufgeklärte Welt des Stückes als Relikt von Mythischem fremd hineinragt. Freilich ist er nicht nur durch die Änderung der Umwelt ein anderer geworden, die Änderung fand an ihm selber statt. Kurt Weill berichtet, dem japanischen Stück sei, um es pädagogisch verwertbar zu machen, der Begriff »Einverständnis« hinzugefügt worden: »der Knabe wird jetzt nicht mehr (wie im alten Stück) willenlos ins Tal hinabgeworfen, sondern er wird vorher befragt, und er beweist durch die Erklärung seines Einverständnisses, daß er gelernt hat, für eine Gemeinschaft oder für eine Idee, der er sich angeschlossen hat, alle Konsequenzen auf sich zu nehmen« *(Die Scene 20* [1930], S. 233). Allein, Brechts Mitarbeiter verschweigt, daß der Brauch in der ersten Fassung des *Jasagers* (und von dieser spricht er) nicht nur die Befragung des Knaben, sondern auch sein Einverständnis vorschreibt. Wo eine Auseinandersetzung zwischen Mythos und Aufklärung, zwischen dem großen Brauch und der Selbstbestimmung des Subjekts hätte stattfinden können, wurde diese jenem in den Rachen geworfen. Aber wie im Märchen bekam dem Mythos die verschlungene Freiheit nicht gut. »Das mit dem Brauch ist, glaube ich, nicht richtig«, sagte einer in der Klasse VIb der Karl Marx-Schule Neukölln, und Brecht gab dem protestierenden Schüler recht. Der Protest gegen den Brauch hätte es schwerer gehabt, wäre dieser nichts als mythische Unfreiheit. Indem aber der Mythos selber die Freiheit im Munde führt, wenn auch nur, um ihren Gebrauch zu verbieten, drückt er seinem Gegner die Waffe selber in die Hand. Dieser ist im *Neinsager* der Knabe, im zweiten *Jasager* der Stückeschreiber selbst. Sorgfältig hat er im Text an die Stelle von Mythischem allemal Rationales gesetzt. Nicht mehr dem großen Brauch, sondern den Studenten, ihrer Einsicht, daß sie weder den Knaben über den schmalen Grat bringen, noch bei ihm bleiben können, gehorcht der Lehrer. Wird der Knabe gefragt, ob man seinetwegen umkehren soll, so nicht mehr, weil es der große Brauch vorschreibt, sondern weil es der Lehrer für richtig hält. Und wenn der Knabe ja sagt, so antwortet er nicht dem Brauch, sondern der Notwendigkeit gemäß. Ein einziges Mal nur ist in der neuen Fassung der Ausdruck »Brauch« stehengeblieben; wäre die Stelle nicht die entscheidende, jene, an welcher die Unfreiheit mit der Freiheit spielt wie die Katze mit der Maus, man könnte es einem Versehen zuschreiben. Den Satz »Und der Brauch schreibt auch vor, daß der, welcher krank wurde, antwortet: Ihr sollt nicht umkehren« hat Brecht aus der ersten Fassung unverändert in die zweite übernommen. Aber indem hier von dem Brauch ganz unvermittelt die Rede ist, kann er weder vom Knaben noch vom Publikum als das seit alters her bestehende Gesetz aufgefaßt werden, das er in der ersten Version war, eher noch wird er, läßt er überhaupt sich begreifen, dem vom Lehrer zuvor zweimal verwendeten Kriterium der Richtigkeit subsumiert, das ihm einst selber unterstand. So mag der stehengebliebene Ausdruck nicht nur der letzte Prankenhieb des sterbenden Mythos sein, sondern bereits das erste Zeichen seiner Unterwerfung durch die Vernunft, wie sie im *Neinsager* stattfindet. Im Gegensatz zu der zweiten Fassung des *Jasagers* ist hier der Text, soweit er den großen Brauch betrifft, nicht geändert worden. Aber dessen Vorschrift, daß der Knabe befragt werde, spielt dieser gegen die andere aus, die ihm die Antwort diktiert, und er sagt nein. Sein Nein wendet sich nicht bloß gegen die Anwendung des Gesetzes auf ihn, sondern gegen das Gesetz selbst. Er sehe an dem alten großen Brauch keine Vernunft, sagt der Knabe und will einen neuen einführen: »den Brauch, in jeder neuen Lage neu nachzudenken«. Was er vorschlägt, ist die Suspension des Mythischen, die Prüfung aller Bräuche auf ihre Vernunft. Methodischer Gebrauch der Ratio soll fortan der einzige Brauch sein. Selten sind im Text eines Marxisten das ungebrochene Pathos und die Zuversicht der Aufklärung so lebendig geworden wie hier – Brecht an diese Herkunft des Marxismus erinnert zu haben, ist das Verdienst jenes anonymen Karl Marx-Schülers, der fand, daß »das mit dem Brauch nicht richtig« sei.

3

Ist es auch Brechts säkularisierende Bearbeitung, die der Kritik die Angriffsflächen bot, so richtete sich der Angriff dennoch gegen das Mythische, das sich in der ersten Fassung nicht nur gegen die Autonomie des Subjekts behaupten konnte, sondern aus deren Einverleibung neue Kräfte zu schöpfen schien. Ohne nach dem japanischen Nô-Stück zu fragen, hielt man dabei für ausgemacht, daß das, wogegen man sich auflehnte, aus jenem übernommen sei. So schrieb ein Kritiker *(Musik und Gesellschaft 1* [1930/31], S. 249), »das Einverständnis des Knaben mit seinem Schicksal« möge »im Umkreis der östlichen Kultur zwingend sein, *wir* aber sind nicht einverstanden, können nicht einverstanden sein« – obwohl das Motiv des Einverständnisses allererst von Brecht eingeführt wurde. Und selbst der Vergleich des ersten *Jasagers* mit dem deutschen *Tanikô*-Text Elisabeth Hauptmanns, der diesen Irrtum hätte verhindern können, erlaubt es nicht, von beiden gemeinsamen Elementen als solchen des »japanischen Mythos« zu sprechen. Denn Arthur Waleys Übertragung, die Elisabeth Hauptmann in vorbildlicher Treue wiedergibt, ist selber schon eine Bearbeitung. Waley hat darauf hingewiesen, daß er den Schluß des Stückes, die Auferstehung des Knaben, nicht übersetzt hat: die Peripetie wurde so zur Katastrophe, über deren »erzieherische Berechtigung« man in der öffentlichen Diskussion nach der Uraufführung in der Meinung stritt, sie sei das »Resultat des Mythos« *(Musik und Gesellschaft 1* [1930/31], S. 163). Die Eingriffe Waleys sind aber nicht auf den Schluß beschränkt, seine

Bearbeitung gibt auch von dem Brauch kein zutreffendes Bild. Das Gesetz, das einen Pilger, der auf der Reise krank wird, ins Tal hinabzuwerfen befiehlt, ist in seiner Grausamkeit weder sinnlos, noch beschränkt sich sein Sinn, wie dann im *Jasager*, auf die praktische Erwägung, daß die Reise fortgesetzt werden muß. Den Knaben nennt das Original nicht »krank«, vielmehr »von Krankheit gezeichnet«. Seine Erkrankung ist nicht der Grund, aus dem er die Reise nicht fortsetzen kann, sondern das Zeichen seiner Unreinheit, derentwegen er die Pilgerfahrt nicht fortsetzen darf.[2] Diese Motivation des buddhistischen Brauchs macht ihn für den heutigen Leser verständlicher und fremder in einem. Wenn Waley sie verschwieg, so darum, weil er das Nô seinen Lesern nahe bringen wollte. Die Nähe ermöglicht Einfühlung und ästhetischen Genuß, denen die spezifische Begründung des großen Brauchs gewiß im Wege gestanden hätte. Aber nicht nur ist Einfühlung sakralen Texten gegenüber unangebracht, die Wirkung von Waleys *Tanikô* auf Brecht und des ersten *Jasagers* auf gewisse Kreise läßt keinen Zweifel daran, daß neben der ästhetischen Rezeption auch ein Einverständnis mit dem mythisch-autoritären Gehalt des japanischen Stücks sich herstellen konnte. Das aber wäre nicht möglich gewesen, hätte das Gesetz seine präzise Motivation in der Waleyschen Fassung nicht eingebüßt. Indem der Bearbeiter seine Leser über den Sinn des Brauches im unklaren ließ – alle Motivationen im *Jasager* sind von Brecht hinzugefügt, ohne daß sie sich mit dem Brauch freilich vermitteln lassen –,

---

[2] Vgl. H. Bohner, Nô – Die einzelnen Nô. Tôkyô 1956, S. 626.

konnte sich dessen scheinbare Sinnlosigkeit metaphysische Würde erschleichen und fand die Zustimmung derer, für die Härte und Opfer der Frage nach ihrem Sinn ohnehin nicht bedürfen. Der Irrationalismus jener Jahre, der, Thule Weimar vorziehend, wahllos bei den Sagen versunkener Völker Bestätigung suchte, fand auch am ersten *Jasager* Gefallen. »Wiederum hat der philosophische Gedanke, daß der Brauch den Menschen überdauert und überwindet, so allgemeinen Geltungswert, hat die Darstellung des Gedankens von unserem über das Erdhafte ins Metaphysische reichende Sein soviel Bedeutung, daß auch der Brechtsche Text allgemein annehmbar werden kann«, schrieb Siegfried Günther *(Die Musik* 23 [1930/31], S. 491), zwei Jahre bevor die Überwindung des Menschen Wirklichkeit wurde. Brecht hatte seinen Irrtum schnell erkannt und in den beiden neuen Fassungen dem großen Brauch den Prozeß gemacht. Aber noch im Februar 1932, als der Neinsager seine Stimme längst erhoben hatte, erschien ein Aufsatz, dessen Verfasser sich für den ersten *Jasager* begeisterte, in dem »Einverständnis, consensus, und Opfer auch des Lebens für die leidende Mitwelt ... als schlichtester Brauch, der uns überkommen ist« »gegenwartsvernehmlich« gepredigt würden – vom zweiten *Jasager* und vom *Neinsager*, die Brecht allein gelten ließ, nahm er keine Notiz. Ein Jahr später durfte es Neinsager nicht mehr geben.

Inhalt

I

- 7 Tanikō [Übers. A. Waley]
- 13 Taniko oder Der Wurf ins Tal [Übers. E. Hauptmann]
- 19 Der Jasager [1. Fassung]
- 31 Der Jasager [2. Fassung]
- 41 Der Neinsager
- 51 Drucke und Lesarten

II

- 59 Protokolle von Diskussionen über den *Jasager* in der Karl Marx-Schule, Neukölln
- 64 Brecht-Weills Schuloper im Urteil der Schüler
- 69 E. N., *Der Jasager*. Brecht-Weills Schuloper
- 71 Frank Warschauer, Nein dem Jasager!
- 74 Walter Dirks, Die Oper als Predigt. Zu Brechts *Lehrstück* und zu seiner Schuloper
- 80 Verzeichnis der Kritiken und Aufsätze über die 1. Fassung
- 83 Der Wurf ins Tal [Übers. J. Sembritzki]
- 103 Nachwort von Peter Szondi

Bertolt Brecht
im Suhrkamp und im Insel Verlag

Über Bertolt Brecht

Bertolt Brecht. Sein Leben in Bildern und Texten. Mit einem Vorwort von Max Frisch. Herausgegeben von Werner Hecht. Gestaltet von Willy Fleckhaus. st 3217. 352 Seiten

Hans Mayer. Brecht. 510 Seiten. Leinen

Hans Mayer. Erinnerung an Brecht.
Englische Broschur und st 2803. 128 Seiten

Werner Hecht. Brecht Chronik 1898-1956. 1320 Seiten. Leinen im Schuber

alles was Brecht ist ... Begleitbuch zu den gleichnamigen Sendereihen von 3sat und S2 Kultur. Herausgegeben von Werner Hecht. Mit zahlreichen Abbildungen.
320 Seiten. Broschur

Walter Benjamin. Versuche über Brecht. Herausgegeben und mit einem Nachwort versehen von Rolf Tiedemann.
es 172. 210 Seiten

James K. Lyon. Bertolt Brecht in Amerika. Übersetzt von Traute M. Marshall. 527 Seiten. Gebunden

Michael Bienert. Mit Brecht durch Berlin. Ein literarischer Reiseführer. it 2169. 271 Seiten

Jan Knopf. Gelegentlich: Poesie. Ein Essay über die Lyrik Bertolt Brechts. 295 Seiten. Gebunden

D. Stephan Bock. Coining Poetry. Brechts ›Guter Mensch von Sezuan‹. Zur dramatischen Dichtung eines neuen Jahrhunderts. es 2057. 516 Seiten

Brecht im Gespräch. Diskussionen, Dialoge, Interviews. Herausgegeben von Werner Hecht. es 771. 211 Seiten

Berliner Brecht Dialog 1998. Herausgegeben von Therese Hörnigk, Literaturforum im Brecht-Haus. es 2094. 297 Seiten

Werkausgaben

Werke. Große kommentierte Berliner und Frankfurter Ausgabe. 30 Bände (33 Teile). Herausgegeben von Werner Hecht, Jan Knopf, Werner Mittenzwei und Klaus-Detlef Müller. 20650 Seiten. Leinen und Leder

Ausgewählte Werke in 6 Bänden. Jubiläumsausgabe zum 100. Geburtstag. 4000 Seiten. Gebunden in Kassette

Stücke

Der aufhaltsame Aufstieg des Arturo Ui. es 144. 134 Seiten

Aufstieg und Fall der Stadt Mahagonny. Oper. es 21. 96 Seiten

Baal. Drei Fassungen. Kritisch ediert und kommentiert von Dieter Schmidt. es 170. 213 Seiten

Die Dreigroschenoper. Nach John Gays ›The Beggar's Opera‹. es 229. 109 Seiten

Frühe Stücke. Baal. Trommeln in der Nacht. Im Dickicht der Städte. st 201. 207 Seiten

Furcht und Elend des Dritten Reiches. Erweiterte Ausgabe. BS 1271. 139 Seiten

Die Gewehre der Frau Carrar. es 219. 55 Seiten

Der gute Mensch von Sezuan. Parabelstück. es 73. 144 Seiten

Gerhart Hauptmann: Biberpelz und roter Hahn. In der Bearbeitung Bertolt Brechts und des Berliner Ensembles. Herausgegeben und kommentiert von Klaus-Detlef Müller. es 634. 99 Seiten

Die heilige Johanna der Schlachthöfe. es 113. 149 Seiten

Herr Puntila und sein Knecht Matti. Volksstück. es 105. 133 Seiten

Die Hochzeit und andere Einakter. es 2198. 187 Seiten

Der kaukasische Kreidekreis. es 31. 120 Seiten

Leben des Galilei. Schauspiel. es 1. 161 Seiten

Mann ist Mann. Die Verwandlung des Packers Galy Gay in den Militärbaracken von Kilkoa im Jahre neunzehnhundertfünfundzwanzig. Lustspiel. es 259. 99 Seiten

Die Maßnahme. Zwei Fassungen. Anmerkungen. es 2058. 108 Seiten

Mutter Courage und ihre Kinder. Eine Chronik aus dem Dreißigjährigen Krieg. es 49. 126 Seiten

Der Ozeanflug. Die Horatier und die Kuriatier. Die Maßnahme. es 222. 94 Seiten

Schweyk im zweiten Weltkrieg. es 132. 106 Seiten

Trommeln in der Nacht. Komödie. es 490. 60 Seiten

Der Untergang des Egoisten Johann Fatzer. Bühnenfassung von Heiner Müller. es 1830. 118 Seiten

Das Verhör des Lukullus. Hörspiel. es 740. 62 Seiten

Gedichte

Ausgewählte Gedichte. Auswahl von Siegfried Unseld. Nachwort von Walter Jens. es 86. 100 Seiten

Buckower Elegien. Mit Kommentaren von Jan Knopf. es 1397. 125 Seiten

Die Gedichte. Zusammenstellung: Jan Knopf. 1251 Seiten. Leinen

Gedichte in einem Band. 1389 Seiten. Leinen

Gedichte. Ausgewählt von Autoren. Mit einem Geleitwort von Ernst Bloch. st 251. 149 Seiten

Gedichte über die Liebe. Ausgewählt von Werner Hecht. BS 1161 und st 1001. 240 Seiten

Gedichte und Lieder. Ausgewählt von Peter Suhrkamp. BS 33. 164 Seiten

Bertolt Brechts Hauspostille. Mit Anleitungen, Gesangsnoten und einem Anhang. BS 4. 164 Seiten

Hundert Gedichte. Ausgewählt von Siegfried Unseld. st 2800. 188 Seiten

Über Verführung. Erotische Gedichte. Mit Radierungen von Pablo Picasso. Zusammengestellt von Günter Berg. IB 1210. 88 Seiten

Prosa

Dreigroschenroman. st 1846. 392 Seiten

Flüchtlingsgespräche. Erweiterte Ausgabe. BS 1274. 152 Seiten

Die Geschäfte des Herrn Julius Caesar. Romanfragment. es 332. 234 Seiten

Geschichten vom Herrn Keuner. st 16. 108 Seiten

Kalendergeschichten. Mit einem Nachwort von Jan Knopf. BS 1343. 160 Seiten

Me-ti, Buch der Wendungen. BS 228. 174 Seiten

Die unwürdige Greisin und andere Geschichten. Zusammengestellt und mit Anmerkungen versehen von Wolfgang Jeske. st 1746. 220 Seiten

Schriften

Dialoge aus dem Messingkauf. BS 140. 180 Seiten

Politische Schriften. Ausgewählt von Werner Hecht.
BS 242. 179 Seiten

Schriften zum Theater. Über eine nichtaristotelische
Dramatik. Zusammengestellt von Siegfried Unseld.
BS 41. 292 Seiten

Über die bildenden Künste. Herausgegeben von Jost
Hermand. Mit zahlreichen Abbildungen. es 691. 270 Seiten

Brecht-Lesebücher

Brecht für Anfänger und Fortgeschrittene. Ein Lesebuch.
Ausgewählt von Siegfried Unseld. Mit einem Vorwort von
Hans Mayer. es 1826. 382 Seiten

Der Kinnhaken. Und andere Box- und Sportgeschichten.
Herausgegeben und mit einem Nachwort von Günter Berg.
st 2395. 164 Seiten

Lektüre für Minuten. Aus seinen Stücken, Gedichten,
Schriften und autobiographischen Schriften. Ausgewählt und
mit einem Nachwort von Günter Berg. 232 Seiten. Gebunden

Suhrkamp BasisBibliothek
Text und Kommentar

Leben des Galilei. Mit einem Kommentar von Dieter Wöhrle. SBB 1. 191 Seiten

Mutter Courage und ihre Kinder. Mit einem Kommentar von Wolfgang Jeske. SBB 11. 185 Seiten

Briefe

Briefe an Marianne Zoff und Hanne Hiob. Herausgegeben von Hanne Hiob. Redaktion und Anmerkungen von Günter Glaeser. 195 Seiten. Leinen

Briefe. 2 Bände. Herausgegeben und kommentiert von Günter Glaeser. 1175 Seiten. Leinen

Liebste Bi! Briefe an Paula Banholzer. Herausgegeben von Helmut Gier und Jürgen Hillesheim. 104 Seiten. Kartoniert

Tagebücher

Tagebuch No. 10. 1913. Faksimile der Handschrift und Transkription. Herausgegeben von Siegfried Unseld. Transkription der Handschrift und Anmerkungen von Günter Berg und Wolfgang Jeske. Im Schuber. 136 Seiten. Gebunden

Tagebücher 1920-1922. Autobiographische Aufzeichnungen 1920-1954. Herausgegeben von Herta Ramthun. 274 Seiten. Leinen

Materialien

Brecht-Journal. Herausgegeben von Jan Knopf.
es 1191. 258 Seiten

Brecht-Journal 2. Herausgegeben von Jan Knopf.
es 1396. 210 Seiten

Brechts ›Antigone des Sophokles‹. Herausgegeben von
Werner Hecht. stm. st 2075. 308 Seiten

Baal. Der böse Baal der asoziale. Texte, Varianten, Materialien. Kritisch ediert und kommentiert von Dieter Schmidt.
es 248. 234 Seiten

Bertolt Brechts Dreigroschenbuch. Texte, Materialien, Dokumente. Herausgegeben von Siegfried Unseld. Mit einem Bildteil. st 87. 712 Seiten

Brechts ›Dreigroschenoper‹. Herausgegeben von Werner
Hecht. stm. st 2056. 314 Seiten

Brechts ›Guter Mensch von Sezuan‹. Herausgegeben von
Jan Knopf. stm. st 2021. 315 Seiten

Der Jasager und Der Neinsager. Vorlagen, Fassungen, Materialien. Herausgegeben und mit einem Nachwort versehen
von Peter Szondi. es 171. 112 Seiten

Brechts ›Leben des Galilei‹. Herausgegeben von Werner
Hecht. stm. st 2001. 246 Seiten

Brechts ›Mahagonny‹. Herausgegeben von Fritz Hennenberg und Jan Knopf. st 2081.

Materialien zu Brechts ›Mutter Courage und ihre Kinder‹.
Zusammengestellt von Werner Hecht. es 50. 178 Seiten

Brechts ›Mutter Courage und ihre Kinder‹. Herausgegeben von Klaus-Detlef Müller. Mit vielen Fotografien.
stm. st 2016. 313 Seiten

Materialien zu Bertolt Brechts ›Schweyk im zweiten Weltkrieg‹. Vorlagen (Bearbeitungen), Varianten, Fragmente, Skizzen, Brief- und Tagebuchnotizen. Ediert und kommentiert von Herbert Knust. es 604. 315 Seiten

stm = suhrkamp taschenbuch materialien

Neue deutschsprachige Literatur
in der edition suhrkamp
Eine Auswahl

Kurt Aebli
- Küß mich einmal ordentlich. Prosa. es 1618. 106 Seiten
- Mein Arkadien. Prosa. es 1885. 115 Seiten
- Die Uhr. Gedichte. es 2186. 90 Seiten

Paul Brodowsky
- Milch Holz Katzen. es 2267. 72 Seiten

Gion M. Cavelty
- Ad absurdum oder Eine Reise ins Buchlabyrinth.
  es 2031. 110 Seiten
- Quifezit oder Eine Reise im Geigenkoffer.
  es 2001. 106 Seiten
- Tabula rasa oder Eine Reise ins Reich des Irrsinns.
  es 2076. 107 Seiten

Esther Dischereit
- Joëmis Tisch. Eine jüdische Geschichte. es 1492. 122 Seiten
- Übungen, jüdisch zu sein. Aufsätze. es 2067. 150 Seiten

Dirk Dobbrow
- Late Night. Legoland. Stücke und Materialien.
  es 3403. 204 Seiten
- Der Mann der Polizistin. Roman. es 2237. 190 Seiten

Kurt Drawert
- Alles ist einfach. Stück in sieben Szenen. es 1951. 116 Seiten
- Haus ohne Menschen. Zeitmitschriften. es 1831. 120 Seiten
- Privateigentum. Gedichte. es 1584. 138 Seiten
- Rückseiten der Herrlichkeit. Texte und Kontexte.
  es 2211. 256 Seiten

- Spiegelland. Ein deutscher Monolog. es 1715. 157 Seiten
- Steinzeit. es 2151. 160 Seiten

Kurt Drawert (Hg.)
- Das Jahr 2000 findet statt. Schriftsteller im Zeitenwechsel.
  es 2136. 280 Seiten

Oswald Egger
- Herde der Rede. Poem. es 2109. 380 Seiten
- Nichts, das ist. Gedichte. es 2269. 160 Seiten

Werner Fritsch
- Aller Seelen. Golgatha. Stücke und Materialien.
  es 3402. 200 Seiten
- Es gibt keine Sünde im Süden des Herzens. Stücke.
  es 2117. 302 Seiten
- Fleischwolf. Gefecht. es 1650. 112 Seiten
- Die lustigen Weiber von Wiesau. Stück und Materialien.
  es 3400. 189 Seiten
- Steinbruch. es 1554. 53 Seiten

Rainald Goetz
- Celebration. Texte und Bilder zur Nacht. es 2118. 286 Seiten
- Hirn/Krieg. es 1320. 508 Seiten
- Kronos. Berichte. es 1795. 401 Seiten

Durs Grünbein
- Grauzone morgens. Gedichte. es 1507. 93 Seiten

Norbert Gstrein
- Anderntags. Erzählung. es 1625. 116 Seiten
- Einer. Erzählung. es 1483. 118 Seiten

Katharina Hacker
- Morpheus oder Der Schnabelschuh. es 2092. 126 Seiten

- Tel Aviv. Eine Stadterzählung. es 2008. 145 Seiten

Johannes Jansen
- heimat ... abgang ... mehr geht nicht. ansätze. mit zeichnungen von norman lindner. es 1932. 116 Seiten
- Reisswolf. Aufzeichnungen. es 1693. 67 Seiten
- Splittergraben. Aufzeichnungen II. Mit zahlreichen Abbildungen. es 1873. 116 Seiten
- Verfeinerung der Einzelheiten. Erzählung. es 2223. 112 Seiten

Barbara Köhler
- Deutsches Roulette. Gedichte. es 1642. 85 Seiten
- Wittgensteins Nichte. vermischte schriften / mixed media. es 2153. 175 Seiten

Uwe Kolbe
- Abschiede. Und andere Liebesgedichte. es 1178. 82 Seiten
- Hineingeboren. Gedichte. 1975-1979. es 1110. 137 Seiten

Ute-Christine Krupp
- Alle reden davon. Roman. es 2235. 140 Seiten
- Greenwichprosa. es 2029. 102 Seiten

Ute-Christine Krupp/Ulrike Janssen (Hg.)
- »Zuerst bin ich immer Leser«. Prosa schreiben heute. es 2201. 100 Seiten

Christian Lehnert
- Der Augen Aufgang. Gedichte. es 2101. 112 Seiten
- Der gefesselte Sänger. Gedichte. es 2028. 92 Seiten

Jo Lendle
- Unter Mardern. es 2111. 99 Seiten

Thomas Meinecke
- The Church of John F. Kennedy. Roman. es 1997. 245 Seiten

Bodo Morshäuser
- Hauptsache Deutsch. es 1626. 205 Seiten
- Revolver. Vier Erzählungen. es 1465. 140 Seiten
- Warten auf den Führer. es 1879. 142 Seiten

José F. A. Oliver
- fernlautmetz. Gedichte. es 2212. 80 Seiten

Albert Ostermaier
- Death Valley Junction. Stücke und Materialien. es 3401. 111 Seiten
- Erreger. Es ist Zeit. Abriss. Stücke und Materialien. es 3421. 111 Seiten
- fremdkörper hautnah. Gedichte. es 2032. 100 Seiten
- Herz Vers Sagen. Gedichte. es 1950. 73 Seiten
- Letzter Aufruf. 99 Grad. Katakomben. Stücke und Materialien. es 3417. 150 Seiten
- The Making Of. Radio Noir. Stücke. es 2130. 192 Seiten

Doron Rabinovici
- Credo und Credit. Einmischungen. es 2216. 160 Seiten
- Österreich. Berichte aus Quarantanien. Herausgegeben von Isolde Charim und Doron Rabinovici. es 2184. 172 Seiten
- Papirnik. Stories. es 1889. 134 Seiten

Ilma Rakusa
- Love after Love. Gedichte. es 2251. 68 Seiten

Patrick Roth
- Ins Tal der Schatten. Frankfurter Poetikvorlesungen. es 2277. 120 Seiten

Lutz Seiler
- pech & blende. Gedichte. es 2161. 90 Seiten

Silke Scheuermann
- Der Tag, an dem die Möwen zweistimmig sangen. Gedichte. es 2239. 90 Seiten

Christoph Schlingensief
- Schlingensiefs »Ausländer raus!« Bitte liebt Österreich. Herausgegeben von Matthias Lilienthal und Claus Philipp. es 2210. 272 Seiten
- Christoph Schlingensiefs ›Nazis rein‹. Herausgegeben von Thekla Heineke und Sandra Umathum. es 2296. 328 Seiten

Hans-Ulrich Treichel
- Der einzige Gast. Gedichte. es 1904. 71 Seiten
- Der Entwurf des Autors. Frankfurter Poetikvorlesungen. es 2193. 117 Seiten
- Liebe Not. Gedichte. es 1373. 79 Seiten
- Über die Schrift hinaus. Essays zur Literatur. es 2144. 241 Seiten

Jamal Tuschick
- Kattenbeat. Roman in drei Stücken. es 2234. 180 Seiten
- Keine große Geschichte. Roman. es 2166. 200 Seiten

Christian Uetz
- Don San Juan. es 2263. 80 Seiten

Anne Weber
- Ida erfindet das Schießpulver. es 2108. 120 Seiten